Elogios para el libro de Daniel Friedmann

El Génesis Un Código

"El libro es fascinante. Su presentación es convincente y carente de insistencia. En esencia, el autor sostiene que, al igual que un plano proporciona una referencia a escala del edificio terminado, hay una escala matemática que concilia los acontecimientos de Génesis a los descubrimientos de la ciencia."

— *The National Post*

"Cómo las cosas han comenzado ha sido un tema candente desde la teoría de la evolución de Darwin y los descubrimientos sucesivos de los físicos y científicos de todo los siglos posteriores. Por lo general un libro aparece como despotricando del otro lado del debate desde el punto de vista de la opinión del escritor. El verdadero placer de la lectura de este libro es la forma suave en el que el autor combina los dos conceptos, no desmiente a ninguno, pero demostrando a través de su conocimiento cómo cree que la teoría científica y la teoría espiritual se complementan el uno al otro.

Lo que el libro no hace es separar más aun las dos visiones del principio del universo y el comienzo de la vida: Friedmann se ha tomado el tiempo de estudiar las formas de los diversos nombres del creador y de los términos de las medidas de desarrollo del universo como hemos sido enseñados a explorarlo, y, al hacerlo, actúa como el pegamento para unir las dos teorías, poniendo así fin a las hostilidades de los argumentos de ambos lados como si se tratara de la única forma imaginable.

Si el lector entra en la discusión con la parte puramente religiosa o de la parte puramente científica, uno, de los muchos puntos que Friedmann hace, es que no hay razón para el separatismo combativo."

— *Grady Harp, Hall of Fame/TOP 50 Revisor, Amazon*

"Como un rabino quien una vez fue un bio-químico orgánico, las cuestiones relativas a la ciencia de la Creación y narración bíblica ha sido un área de interés particular. El tema es uno que requiere una doble lealtad: una de precisión de la lectura de la Torá y otro de ciencias empíricas y teóricas.

Daniel Friedmann es una persona totalmente comprometida con ambas de estas disciplinas, la precisión en Torá y en la ciencia. Y su libro *El Génesis Un Código* es un reflejo de este compromiso. Él ha proporcionado valiosas teorías para hacer progresar una verdadera síntesis de los elementos dispares, y sin miedo a reconocer las lagunas o desafíos epistemológicos intelectuales.

Tal vez el aspecto más impresionante del libro es lo bien sincronizado que están las teorías de Friedman con la cronología de la historia natural."

— *Rabbi A. Rosenblatt Congregation Schara Tzedeck, Vancouver, BC*

"La lectura del *El Génesis Un Código* es una fe afirmando aventura! Daniel Friedmann ha realizado una profunda y entretenida presentación del significado del primer capítulo del Génesis. Nunca desde el evangélico protestante El Dr. Hugh Ross, de *razones para creer*, con su apoyo de la teoría del 'Big Bang', he considerado que "más ha dado luz a los de nuestra generación" de los debates sobre la Creación. Yo estoy fascinado por lo que recomiendo encarecidamente la lectura y relectura de este texto." — *Pastor Jim Allen, Shabbona Iglesia Unida de Cristo, Chicago*

"Adentrarse en esta esclarecedora excursión que proporciona una sorprendentemente y poética simbiosis entre religión y ciencia. Los lectores con sed de conocimiento, mente abierta se deleitarán con esta lectura y estará encantado por sus numerosos elementos y proposiciones." — *Night Owl Comentarios*

"Independientemente de dónde usted se encuentre en relación al origen del universo, *El Génesis Un Código* es uno que vale la pena leer. No pude dejarlo una vez que por fin pude empezar a leer...y desde luego que me dio una nueva percepción de cómo la Creación desde una perspectiva católica puede estar de acuerdo con la Creación de un punto de vista científico."

— *La Iglesia Católica Ciencia Geek*

"El estallido del libro de Daniel Friedmann, *El Génesis Un Código,* ofrece al lector una excelente comparación entre enseñanza bíblica y teoría de la ciencia. Se trata de una lectura que no quieres perderte. ¿Cuándo fue el alba de la Creación? Seis mil años atrás, en un acto divino o hace 14 mil millones de años con el Big Bang. Friedmann no trata de influir a los lectores de una forma u otra. *El Génesis Un Código* esta magistralmente hecho."

— *Richard Arena, premiado autor*

"Friedmann nos da la oportunidad de reconciliar opiniones divergentes sobre la Creación en un trabajo reflexivo y profundo. Prestaran atención a esta oferta para una mayor comprensión o vamos a ver su trabajo como periférico superficial y encontrar alguna "frase pegadiza" a manera de despedirlo. Eso lo dirá el tiempo. Sin embargo, él nos ha hecho un servicio al tomar ese camino de la reconciliación y al mismo tiempo mantener la integridad de los dos bandos opuestos."

— *CFO, gran empresa de alta tecnología*

"He disfrutado mucho leyendo el *El Génesis Un Código*. Friedmann escribe con voz afilada, fácil de comprender y seguir, apoya sus ideas con recursos de referencia. La Biblia se remontan mucho más allá del descubrimiento científico y siempre me molestó que la ciencia trate de desechar que Dios creó el mundo. Me hace mucho más feliz de ver la alineación de la ciencia y de la Creación, ya que Dios creó ambos de todos modos! Cinco estrellas para este libro!"

— *Planeta Weidknecht*

"Si usted está pensando en leer algo que va a aumentar su conocimiento, así como hacerlo pensar sobre sus propios puntos de vista, este es el libro para usted. También les recomiendo este libro a los católicos, que, aunque no tienen una enseñanza "oficial" de la Evolución y La teoría del Big Bang, son animados a mirar sus propias posiciones sobre ciencia y fe. *El Génesis Un Código* proporciona una visión hacia el complemento de la religión y la ciencia, como las disciplinas de cortesía que pueden conducir a la humanidad a una mejor comprensión de la verdad." — *Hno. Vito Martinez, Franciscanos Capuchinos*

"Para aquellos que se preguntan cómo reconciliar el registro bíblico de los orígenes del universo, con la teoría científica del Big Bang, *El Génesis Un Código* de Daniel Friedmann será una lectura bienvenida, sobre todo en momentos en que somos testigos de ver el origen filtrarse en el debate público de carácter político, social, pedagógico y teológico. Colocando las dos vistas lado a lado, Friedmann examina los plazos previstos en el Libro del Génesis y la teoría del Big Bang, y encuentra una gran superposición." — *Periódico Judío Independiente*

Otros libros de Daniel Friedmann

Inspired Studies, Libro 2: *The Broken Gift*

Este libro, el primero del autor, *El Génesis Un Código*, demuestra una alineación entre las fechas de los eventos claves relacionados con el desarrollo del universo y la aparición de la vida en la tierra como se describe en los capítulos 1 y 2 del Génesis, con aquellos derivados de la teoría científica y la observación.

El segundo libro del autor, *The Broken Gift*, sigue y amplía el ámbito de *El Génesis Un Código* para incluir el aspecto y la historia temprana de los humanos. Aunque ambos libros son independientes y pueden leerse en cualquier orden, leerlos en el orden de publicación ofrece una narración completa comenzando por el principio del universo y continuando hasta que sólo unos pocos miles de años atrás, con todos los elementos relacionados, tanto desde la perspectiva bíblica como de la científica.

INSPIRED STUDIES

LIBRO 1

Segunda Edición—en Español

El Génesis
Un Código

Daniel Friedmann

Traducido por Pedro Neumann

Inspired Books

Dedicación

A Michael, Zach y Jane, quienes hacen profundas preguntas y no tienen miedo de explorar respuestas de diversos cuerpos de conocimiento.

Tabla de Contenidos

FIGURAS

TABLAS

Agradecimientos

Muchas personas me han ayudado mucho en esta labor. Mis maestros de Cábala de muchos años, el Rabino Avraham Feigelstock y el Rabino Shmuel Yeshayahu, me introdujeron en los conceptos claves y me ayudaron a localizar referencias. Eliezer Zieger destinó tiempo en numerosas conversaciones telefónicas para debatir temas importantes y proporcionarme ayuda con las referencias.

Mi esfuerzo para garantizar que la a veces difícil compresión de la documentación en esta obra aparezca en un formato adecuado para los lectores en general, fui ayudado por el estímulo y ayuda de Hugh, Julio, Nora y Suresh. Además, Debra Christian del Happy Guy Marketing Inc. proporciono asistencia editorial crítica.

También deseo expresar mi agradecimiento por la ayuda y los consejos dados por mi esposa Marilyn, que con paciencia editó, criticó y formateó el manuscrito.

Ron C. May, de Park East Press, cuidadosamente editó el manuscrito y efectuó excelentes sugerencias entregando una contribución esencial a la obra terminada.

Prólogo

¿Está usted educado en ciencias y convencido de que las actuales teorías científicas y datos explican nuestros orígenes? Al mismo tiempo, ¿tiene una conciencia de la Biblia y de su aparente incompatibilidad con la ciencia?

¿Cree que Dios creó el mundo y que todas las respuestas relativas a nuestros orígenes están claramente descritas en las escrituras? Al mismo tiempo, ¿tiene un conocimiento básico de la ciencia y de su aparente incompatibilidad con algunas de las enseñanzas de su religión?

¿Está familiarizado con los conceptos básicos de la religión y la ciencia, pero no puede conciliar las dos explicaciones de nuestros orígenes?

En el inicio de este viaje yo tampoco estaba seguro de si las respuestas que se encuentran en libros de ciencia y escrituras religiosas podrían ser reconciliadas. Ahora, después de haber explorado ambas con cierta profundidad, puedo decir que esa reconciliación no está fuera de discusión. Este libro intentará demostrar la reconciliación con respecto a dos áreas principales: el calendario de la formación del universo, y en la aparición y el desarrollo de la vida en la Tierra. En primer lugar, permítanme decirles sobre mi formación y potenciales sesgos.

Comencé con conocimientos adquiridos a partir de una educación religiosa básica y una enseñanza de las ciencias en la escuela secundaria. Ambos conjuntos de conocimiento eran fascinantes, pero eran incompatibles. Como procedí a obtener una educación científica, llegue a pensar que los libros de ciencia respondían todo. Sin embargo, en mi cuarto año en la universidad, algunas preguntas fundamentales sobre nuestros orígenes comenzaron a aparecer nuevamente. En los textos de ciencia, algunas respuestas no estaban disponibles, algunas respuestas eran extrañas, y algunas respuestas eran tan metafísicas que parecían respuestas religiosas. Por lo tanto, me fui a estudiar religión, esta vez estudiando también el componente místico de la religión para encontrar significado interior más profundo en lugar de la simple interpretación. Las respuestas a mis preguntas comenzaron a aparecer.

El relato de la Creación, del Génesis, para los cristianos y los Judíos, proporciona el fundamento para la comprensión de sus orígenes. También para los musulmanes, es un componente importante de la misma comprensión. Mientras que *El Génesis Un Código* se basa principalmente en el relato de la Creación, con el fin de ahondar en los temas misteriosos me base exclusivamente en fuentes judías, ya que el Judaísmo ha constituido la base de mi educación religiosa. Para aquellos de distintas tradiciones religiosas o ninguna en absoluto, le ruego que por favor continúe leyendo. Usted puede encontrar que las distintas fuentes de origen tienen más en común de lo esperado. Ciertamente, las narrativas tan ampliamente divergentes sobre los seis días de la Creación como se ha puesto de manifiesto en los textos religiosos y los miles de millones de años, como se describe en las teorías científicas presentan un desafío clave para todos nosotros, que parecen incompatibles, irreconciliables. Yo sostengo que no son.

Este libro presenta un análisis directo y riguroso de eventos de la Creación y de los tiempos de su ocurrencia, tanto como se describe en el Génesis como en los más recientes libros y periódicos científicos. No se ha hecho un intento de desacreditar o excusar cualquier conjunto de conocimientos o de la creencia religiosa de cualquier persona en particular. Por el contrario, la tesis del *El Génesis Un Código* es que tanto los libros de la ciencia como los de la Biblia describen eficazmente nuestro universo y su desarrollo.

No obstante, aquí no se intenta presentar por qué son compatibles o no compatibles proveyendo argumentos que, aunque potencialmente por muy poderosos que sean, no pueden demostrarse de forma concluyente. En su lugar, *El Génesis Un Código* trata en todo momento de reconciliar los eventos y fechas basados en la

religión con los mismos eventos estudiados por los científicos.
Cuando dejamos de lado nuestras creencias personales y sólo nos
basamos en los eventos y sus fechas, encontramos una alineación
de un sorprendente paralelismo. Este libro trata de dilucidar esta
alineación. Mi deseo es que una vez que haya vislumbrado tal alineación, pueda reflexionar sobre nuestros orígenes con un conjunto de historias recién reconciliadas de la historia bíblica, que tiene
miles de años de antigüedad, y la historia científica, que es muy
nueva.

Capítulo 1

Introducción

Imagine que existen manuscritos medievales, escritos hace unos 800 años, que nos podrían ayudar a descifrar el Génesis y, en consecuencia, determinar exactamente cuando el universo comenzó y en un instante cuadrar, por otra parte, con nuestras teorías cosmológicas más recientes.

Es más, supongamos que estos mismos manuscritos nos pueden ayudar a extraer del Génesis en forma inequívoca los plazos del desarrollo de la vida en la Tierra, además precisamente identificados por los más recientes avances científicos derivados del registro de los fósiles. No estamos hablando de plazos aproximadamente similares. Estamos hablando de exactamente el mismo tiempo.

Actualmente, las evidencias obtenidas y recopiladas a través de la utilización del método científico ha demostrado que la edad del universo es de 13,7 billones de años de edad. Similar trabajo científico ha demostrado que la vida surgió en la Tierra alrededor de 3,5 billones de años atrás (BA) y se teorizó además que se ha desarrollado por un proceso darwiniano de selección natural, y con el tiempo evolucionando en las numerosas especies que tenemos hoy. Religión, la cual está compuesta por conjuntos de creencias relativas a la causa, la naturaleza y el propósito del universo y de la humanidad, se basa en una fe personal de causas sobrenaturales. Para muchos creyentes, Dios creó el universo y la vida en seis días, y además, en un tiempo algo menor de hace 6.000 años. Las escalas científicas y religiosas, de hecho parecen incompatibles. Sin embargo, ¿podría ser que simplemente están utilizando diferentes términos para describir el mismo fenómeno?

1

Entonces, ¿qué, entonces, de estos manuscritos medievales de 800 años de antigüedad? Existen, y uno de ellos en particular ha sido recientemente traducido al inglés y puede ayudarnos a interpretar el Génesis, un componente clave del Judaísmo y del Cristianismo.

¿Difícil de creer? Vale la pena reiterar: el riguroso acercamiento de la ciencia y el cuidadoso y también riguroso análisis del Génesis entrega exactamente el mismo calendario para la formación del universo y para el desarrollo de la vida en la tierra.

Actualmente, el debate agudo de la Creación-Evolución ha llevado a la religión contra la ciencia. Pero, si el objetivo de este libro es alcanzado, estaremos más cerca en conciliar los dos enfoques y resolver el elemento más polémico de la controversia, el desacuerdo con respecto a los plazos.

La polémica sobre la Creación–Evolución (o el debate de los orígenes) es un debate recurrente culturalmente, políticamente, y teológicamente (principalmente en los Estados Unidos) sobre los orígenes de la Tierra, la humanidad, la vida y el universo. La diferencia es entre quienes abrazan creencias religiosas en lo sobrenatural, y por lo tanto, admiten un vista creacionista, en comparación con aquellos que creen las explicaciones naturales son suficientes para explicar sus orígenes y, por lo tanto, acepta que la evolución es apoyado por consenso científico.

La polémica de la Creación-Evolución se originó en Europa y América del Norte a finales del siglo XVIII, en la que los descubrimientos en el campo de la geología han conducido a varias teorías sobre la antigüedad de la Tierra, fósiles mostrando extinciones anteriores incitaron las primeras ideas de la evolución. Los religiosos respondieron a la evidencia de la Tierra vieja mediante la interpretación de los seis días de la Creación, como a seis épocas. Este acomodamiento de los plazos permitió el diálogo entre la ciencia y la religión entre el siglo

XIX y principios del siglo XX. Sin embargo, ambas partes se han polarizado más en sus opiniones, y el diálogo ha disminuido considerablemente durante el último medio siglo. Muchos creyentes se han movido hacia una interpretación fundamentalista de seis días literales, y a los científicos a una visión estricta de la evolución como una lucha por la supervivencia de genes mutantes al azar, sin espacio para Dios.

Hoy en día, el público en general[1] sigue estando dividido por el debate de los orígenes. Las encuestas indican que la mitad cree que Dios creó especialmente a los primeros seres humanos. La mayoría del resto afirma que Dios guió la evolución. Sólo como el 15% acepta la teoría de los orígenes sin Dios siguiendo a la ciencia.

Un componente no resuelto en el debate sigue siendo el asunto del tiempo: 6.000 años versus 13,7 billones de años.

Antes de que podamos establecer el cronograma correspondiente entre la ciencia y las religiones que se basan en la creencia de los seis días de Creación, debemos describir brevemente la base de los conocimientos de cada área de estudio. Nuestro alcance será explicar el método científico, así como el relato bíblico de los comienzos de la existencia como la conocemos. Una comparación explorará la aparentemente contradictoria naturaleza de ambas cuentas y revelará sorprendente desarrollos paralelos, aunque sorprendentemente diferentes durante períodos de tiempo entre los científicos y perspectivas bíblicas. Como se ve, estas dos medidas de tiempo no se contradicen entre sí, pero en realidad van en forma paralela y están totalmente sincronizadas.

La ciencia es el proceso sistemático de recolección de información sobre el mundo y su organización en teorías y leyes que pueden ser probadas. Para ser considerado científico, un cuerpo de conocimientos debe pasar ciertas pruebas objetivas. El método científico es un sistema de procesos que se utilizan para establecer nuevos conocimientos o revisarlos. Un enfoque científico se aplica al reunir información fáctica. Para ser llamado científico, un método de investigación debe estar basado en evidencia objetiva recogida a través de la observación, la experiencia y experimento.

Por supuesto, cierta lógica y razonamiento se ha de seguir para probar teorías e hipótesis. Objetividad es un enfoque definido para los estudios de este tipo. Después de la observación científica, los resultados deben ser organizados y resumidos, y aplicados para desarrollar y probar teorías. Normalmente, después del proceso de revisión por nuestros pares, los hallazgos son compartidos con una audiencia de personas calificadas en el ámbito del estudio, así como posiblemente el público en general o una parte de ellos. Los científicos estudiando el resultado de una prueba o de una teoría pueden tratar de probar o refutar los hallazgos del estudio original al reproducir la observación o experimentación en idénticas condiciones, los científicos también pueden realizar nuevas pruebas.

El método científico funciona muy bien cuando se aplican a fenómenos y hechos existentes. Pero, ¿qué acerca de los sucesos que ocurrieron hace mucho tiempo, digamos 13.7 billones de años atrás (BA)?

Sorprendentemente, los científicos en la actualidad pueden observar los resultados de lo que ocurrió casi hasta la fecha estimada del origen del universo. Sin embargo, no hay registro, por escrito o en alguna otra forma, de lo que realmente gatillo el nacimiento del universo. La única evidencia existente sobre la formación del universo se deriva de lo que podemos percibir a través de los instrumentos, estos detectan principalmente casos de luz y sonido en el mundo físico que nos rodea y a una distancia aún perceptible de los cuerpos celestes. Lo que se extiende más allá de lo que nos muestran nuestros instrumentos de visión y ayuda a explorar ámbitos más allá—es decir, lo que sobrepasa nuestra capacidad de ver, así como de comprender—debemos confiar en conjeturas derivadas de las teorías y de las matemáticas.

Además, nuestros orígenes físicos no pueden ser re-experimentados. El principio sucedió una vez—y sólo una vez—y no se pueden duplicar precisamente en la misma forma.

Por lo tanto, en el ámbito de la investigación científica nos hemos quedado con la experimentación para probar la más razonable de las teorías sobre los orígenes del universo. En consecuencia, los científicos y los investigadores continúan realizando pruebas sobre variadas hipótesis basadas en la observación de nuestro mundo geológico actual y espacio astral, así como experiencias recogidas de eventos históricos y actuales del Tiempo Humano. Satélites, meteoritos que nos han impactado, estudios telescópicos, e incluso un aterrizaje en la luna son algunas de las maneras que los científicos están aprendiendo más sobre el lugar de la Tierra en el cosmos.

Sin embargo, todos los conocimientos que se siguen recopilando sobre la naturaleza de nuestro universo deja algunas preguntas sin respuesta. Muchos de los que estudian la ciencia creen que la teoría de un 13,7 billones de años (BY) de antigüedad del universo y los 4,5 billones de años (BY) de edad de la Tierra es relativamente precisa, sobre la base de las investigaciones realizadas hasta la fecha. Sin embargo, para muchos, estas informaciones son insuficientes, o incluso incorrectas. Para ellos, Dios es el artífice de la Creación como se ha puesto de manifiesto a través de Su palabra inspirada en las Sagradas Escrituras conocida como la Biblia.

Para muchos creyentes cristianos y judíos, los cinco Libros de Moisés son considerados como la Palabra revelada de Dios. Para algunos, esto significa que las palabras contenidas en los cinco Libros de Moisés, junto con otras escrituras y la tradición oral que explica y describe los cinco libros, fueron dadas a Moisés exactamente de la forma que las tenemos hoy en día. Para otros, esto significa que Dios habló a los hombres—

principalmente profetas—quienes registraron sus palabras en el libro ampliamente conocido como la Biblia. Los estudiosos estiman que la Biblia fue escrita por 40 personas en un período de 2.000 años. Por último, para los no creyentes la Biblia es una colección de antiguos mitos y fábulas. La Biblia ha sido traducida en numerosas ediciones, siendo la Versión King James 1611 la más leída. Nuevas y más recientes traducciones son quizás mejor comprendidas hoy en día por muchos debido a la utilización de un lenguaje contemporáneo en lugar del dialecto Isabelino de los comienzos de la edad moderna que parece forzado e inaccesible a los lectores del siglo veinte y uno.

Génesis es el primer libro de la Biblia, y el primero de los cinco libros de la Ley (el Pentateuco) atribuida por tradición a Moisés. Comenzando con la Creación del universo y de la humanidad, la narrativa se refiere a la primera desobediencia del hombre y la mujer, y su consiguiente expulsión del jardín de Dios. Génesis, que significa comienzos, contiene toda la Creación; el primer capítulo del Génesis contiene 31 versículos que describen los actos de Dios en la Creación del universo y del mundo en un período de seis días. El segundo capítulo del Génesis, que consta de 25 versículos, elabora sobre la Creación de Dios de la vida humana en un hombre por El llamado Adán, y de su lado, una mujer que llamó Eva la que se convirtió en la esposa de Adán. De este par de antepasados y de sus hijos, se nos dice, proviene toda vida humana. El tercer capítulo del Génesis describe la caída de Adán y Eva como resultado de su pecado (véase el Anexo A, para el texto completo de los tres primeros capítulos del Génesis).

El relato del Génesis da cuenta de un periodo de Creación del universo de 6 días revelando un orden específico de estos eventos:[2]

> *En el principio creó Dios los cielos y la tierra. Y la tierra estaba sin forma y vacía, y la oscuridad estaba sobre la faz del*

abismo. Y el Espíritu de Dios se movió sobre la faz de las aguas. Y dijo Dios: sea la luz: y fue la luz. Y vio Dios que la luz era buena: y Dios dividió la luz de la oscuridad. Y llamó Dios a la luz Día, y a la oscuridad llamó Noche. Y fue la tarde y la mañana fueron el primer día.

Muchos seguidores de dos grandes religiones del mundo—el Cristianismo y el Judaísmo—aceptan el relato del Génesis como hechos literales. Vamos a examinar más de cerca las connotaciones religiosas del Génesis en un capítulo posterior. Pero cabe mencionar que los cinco libros de Moisés no son simplemente una colección de escrituras religiosas. Entre ellos hay un relato de la Creación, algunos principios de la historia de la vida humana, y muchas leyes y mandamientos.

La relación entre los libros sagrados de estas dos religiones se muestran a continuación, en la Figura 1.1, que muestran que ambas religiones comparten los cinco libros de Moisés y los Salmos, además de otros textos.

La Santa Biblia, los escritos sagrados de la religión Cristiana, incluyen el Antiguo Testamento (que contiene 39 libros de las escrituras Hebreas, incluidos los cinco libros de Moisés), y el Nuevo Testamento, el que incluye los cuatro relatos evangélicos de la vida y las enseñanzas de Jesús, así como cartas, principalmente del Apóstol San Pablo, que fueron escritos para alentar e inspirar nuevos grupos de la iglesia surgidos a raíz del ministerio de Jesús.

No se muestra en la Figura 1.1 el libro sagrado para el Islam el Corán y otras revelaciones, en el que la mayoría de los musulmanes creen que fueron dictadas por Dios a diferentes profetas islámicos. Estas revelaciones son la Tawrat (dada a Moisés y que está cerca[3] de los cinco libros de Moisés), el Zabur (revelada a David y cerca de los Salmos), y el Injil, (enseñanzas reveladas a través de Jesús). El relato de la Creación en el Corán es similar en algunos aspectos a la cuenta en el Génesis. Sin embargo, la enseñanza islámica sobre la Creación difiere de manera crítica. En particular, aunque el Corán declara que la Creación se produjo en seis días, los días no son interpretados literalmente como períodos de veinticuatro horas, sino como etapas u otros períodos de tiempo.

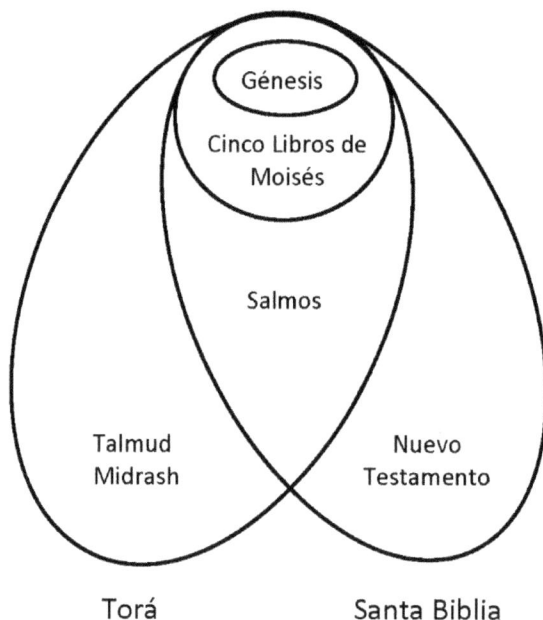

Figura 1.1 Textos Sagrados de Cristianos y Judíos

Génesis es uno de los cinco libros de la ley espiritual de Dios, conocida como la Ley Escrita. Para los judíos, la Ley Escrita se interpreta y se aplica con la ayuda de la Ley Oral (ahora documentada por escrito). La ley Oral incluye el Talmud y el Zohar. El Talmud (que significa enseñanza, aprendizaje) es un texto central del Judaísmo en general la forma de un registro de los debates relativos a la ley judía, la ética, la filosofía, las costumbres y la historia. El Zohar (que significa esplendor o brillo) es el trabajo fundacional de la literatura del pensamiento místico judío conocido como Cábala, es un grupo de libros, que incluyen comentarios, que abordan los aspectos místicos de los cinco libros de Moisés y de las cuestiones de interpretación de la escritura, mientras que también incluye material sobre la naturaleza de Dios, el origen y estructura del universo, la naturaleza de las almas, y la psicología. Juntos, componen la Torá escrita y Oral.[4]

Para los creyentes, la Torá contiene instrucciones legales y éticas. Aunque en un principio no pretende ser un libro de ciencias, la Torá, para aquellos que creen que es la palabra revelada de Dios, entrega una representación precisa de nuestro mundo. De hecho, los sabios del Talmud nos enseñan que "Vio Dios en la Torá y creó el mundo."[5] La Torá es el plano del universo y para la existencia de la humanidad desde la perspectiva de la fe, y se extrae de la tradición oral y escrita. Este sistema de creencias religiosas se examinarán detalladamente más adelante.

Por lo tanto, dado que el método científico debe producir descripciones precisas del universo, y aceptando que la Torá es el plano del universo, datos claves sobre el universo discutidos en la Torá (y en particular en el Génesis) y que también son alcanzadas por el método científico deben ser iguales. De hecho, esta es la misma tesis que les será expuesta y desarrollada en detalle en este libro a través de la Torá y fuentes científicas, a saber: las respuestas de la ciencia y la Torá son exactamente iguales.

¿Cómo puede ser?

La ampliamente aceptada teoría del Big Bang y observación científica, en los últimos años, se han resumido a establecer un calendario de los eventos más importantes en el desarrollo del universo en los últimos 13,7 billones de años.[6] La teoría del Big Bang sugiere que el universo fue originalmente muy caliente y denso, y entonces hace unos 13,7 billones de años atrás, comenzó a expandirse rápidamente. El universo se ido enfriando a medida que continúa su expansión. Esta teoría se basa en la observación de la evidencia científica.

Un proponente de una primera versión de esta teoría fue Georges Lemaître, un sacerdote católico y físico belga, que basó su estudio sobre la teoría de la relatividad general de Albert Einstein. El modelo del Big Bang todavía no es capaz de explicar los orígenes de primarios y su singularidad de que los componentes del universo y las leyes de la física. Sin embargo, describe de manera convincente el desarrollo del universo desde ese periodo de tiempo. Con el paso del tiempo, la materia creada en la explosión original continuó su expansión, que condujo a la formación de zonas ligeramente más densa que, debido a la fuerza de gravedad, atrajo más materia y se hizo materia lo suficiente densa como para formar estrellas, galaxias y otros cuerpos astronómicos.

La continua mejora tecnológica del telescopio ha llevado a ajustar y actualizar la teoría del Big Bang. Uno de los descubrimientos fue la idea de que la expansión del universo parece estar aumentando en velocidad.

A pesar de que muchos cristianos rechazaron la idea de un universo de evolución lenta que parece estar en contradicción con el modelo de la Creación que se encuentra en el libro del Génesis, en el año 1951 el catolicismo, bajo el liderazgo del Papa Pío XII, se abrazó a la teoría del Big Bang y la declaró compatible con el relato de la Creación de Génesis.

> Parece que la ciencia de hoy en día, con un barrido de todos los siglos, se ha logrado en el testimonio de la instantánea agosto de la primordial Fiat Lux [que se haga la luz], cuando junto con la materia, que irrumpen de la nada un mar de luz y radiación y que llevaron a la formación de millones de galaxias.[7]

Sin embargo, la discrepancia del tiempo entre la Creación y el Big Bang sigue sin respuesta.

¿Qué entonces, acerca de la vida en la Tierra?

La vida en la Tierra ha dejado registros claros y medibles. Los fósiles son los restos o huellas de animales, plantas y otros organismos del pasado remoto. La totalidad de los fósiles, los descubiertos y los por descubrir, y su colocación en las formaciones rocosas y capas sedimentarias (estratos) es conocido como el registro fósil. Los fósiles varían en tamaño de microscópicos, desde las células bacterianas sólo un micrómetro de diámetro, hasta los gigantescos, así como los dinosaurios y árboles de varios metros de largo y que pesan varias toneladas. Métodos de fechas absolutas se han utilizado para verificar la edad relativa obtenida de los fósiles y para entregarnos la edad absoluta de muchos fósiles. El registro fósil muestra la historia de la vida y su desarrollo desde 3.5 billones de años y ha sido utilizado para establecer un calendario de los acontecimientos más importantes en el desarrollo de la vida sobre la Tierra.

Integrando la línea de tiempo del Big Bang y la escala obtenida del registro de los fósiles, nos ha permitido científicamente entregar una línea de tiempo cronológica de la fecha de los eventos clave desde el principio del universo 13,7 billones de años atrás hasta el día de hoy. Los dos primeros capítulos del libro de Génesis discuten algunos de los mismos hechos claves descritos en la línea de tiempo hecha por los científicos. Génesis establece estos eventos en un período inicial de la Creación de seis días calendarios, mientras que el calendario bíblico a un periodo de menos de 6.000 años. Estos calendarios científicos y bíblicos han dado lugar a grandes aparentes discrepancias sobre el momento de los hechos.

Para hacer frente a estas discrepancias, es necesario debatir sobre el tiempo. Los científicos han establecido que el tiempo tiene un principio, puede tener un fin, y es para las personas diferente dependiendo de sus diferentes marcos de referencia[8]. La teoría del Big Bang conduce a una singularidad inicial de la que surgieron el universo y el tiempo—el comienzo del tiempo. Las actuales teorías en desarrollo[9] son objeto de controversia; sin embargo, algunos apuntan que hay muchos escenarios en que el tiempo, y tal vez también el universo, tienen su fin. Las teorías de Einstein de la relatividad especial y general, aunque intuitivo, muestran que las personas que se desplazan con respecto a la otra y/o en diferentes campos gravitacionales experimentan tiempo de manera diferente, y ninguno de ellos esta absoluta o universalmente correcta. Estas teorías han sido probadas y demostradas.

Del mismo modo, el tiempo en la Biblia tiene un principio y un fin, y es diferente para dos observadores separados y conscientes, por la Biblia habla: Dios y el hombre. Génesis parte de un punto "en el principio" del tiempo. Las escrituras nos dicen, como se expondrá más adelante en el libro, que el mundo alcanzará una era mesiánica y eventualmente quizás dejara de tener una manifestación física. Por último, las escrituras y su interpretación mística revelan que el tiempo es diferente en el mundo físico y espiritual en distintos estratos, o mundos.[10] A este respecto, se nos dice en los salmos que un día para Dios es equivalente a 1,000 años para los seres humanos.[11]

Tanto en la ciencia como en la Torá existe un concepto del observador consciente—un ser observando e interpretando la realidad. En el ámbito de la ciencia, la teoría y el experimento han revelado que el observador y su mediciones afectan el resultado final de un experimento en el microscópico mundo cuántico. Recientemente se ha demostrado que mecánica cuántica se aplica a todas las escalas,[12] aunque las consecuencias de este descubrimiento todavía no se conocen bien. En la Torá, estas ideas sin duda aplican[13] a nuestro mundo macroscópico. En Cábala, que es una interpretación mística de la Torá, el observador consciente determina y causa la realidad. Las personas interpretan la Torá y toman decisiones sobre asuntos de acuerdo a la ley. Estas decisiones, a su vez, influyen en la realidad física humana.

Ahora comenzamos a ver cómo correlacionar la escala bíblica con la científica. Dios lleva el tiempo de manera diferente al de las personas. Hubo un período anterior en el que Dios era el observador consciente, y un período posterior (todavía en curso) en donde el hombre y la mujer son observadores conscientes. Para el período en el que Dios era el observador consciente, debemos convertir el tiempo de Dios al tiempo como lo miden los humanos.

Este no es un concepto moderno. Isaac ben Samuel de Acre[14] (Siglo 13-14), un Cabalista que vivió en la tierra de Israel hace 800 años, fue el primero en afirmar que el universo tiene billones de años, en un momento en que el pensamiento que prevalecía era que el universo tenia miles de años de antigüedad. Isaac llegó a esta conclusión después de distinguir entre el tiempo percibido por el ser humano y el tiempo percibido por Dios, descritos de ahora en adelante como Tiempo Humano y el Tiempo Divino, respectivamente. Sin embargo, su trabajo sólo fue sacado a la luz recientemente en Inglés por el Rabino Aryeh Kaplan (1979)[15]. Más recientemente, este enfoque para el cálculo de la edad del universo se ha ampliado aun con más detalle desde el punto de vista de la física.[16][17][18] Estos intentos anteriores de calcular la edad del universo se hicieron en una forma aproximada. Ellos proporcionan estimaciones de la edad del universo en más de 15 billones de años, los que son, sin duda, demasiado altos para que coincida con los datos científicos actuales. Estos métodos aproximados también evitan una estimación precisa de otros eventos, tales como cuánto tiempo los animales han habitado la tierra.

Este trabajo intenta realizar una formulación más precisa de los tiempos, cuando Dios era el observador consciente. El enfoque proporcionará el cálculo de la edad exacta del universo y hará posible la comparación de los principales acontecimientos bíblicos a los obtenidos científicamente para las fechas de los mismos hechos. Esta comparación puede hacerse para mejorar los 100 millones de años, lo que es diez veces más preciso que los anteriores plazos estimados, en el rango de unos pocos billones de años.

Este libro está organizado en la siguiente estructura:

En el Capítulo 2, la historia de la controversia entre la ciencia y la religión es resumida, con énfasis en el rol de la discrepancia sobre la escala de tiempo. Podemos ver una división entre la ciencia y la religión que quizás puedan comenzar a ser conciliados si sus muy diferentes líneas de tiempo pueden ser conciliadas.

En el Capítulo 3, el Big Bang y el registro fósil son descritos, incluyendo exactamente lo que revelan y como quedan las preguntas. Esta información sirve como fondo de referencia sobre el estado actual del conocimiento científico sobre el desarrollo del universo y la aparición de la vida en la Tierra, y que es utilizada para la comparación con información similar descrita en el relato de la Creación en los capítulos siguientes.

En el Capítulo 4, las fuentes claves de la Torá y autores se usan para el desarrollo de la interpretación del Génesis y se esbozan brevemente. Esta información provee información general sobre las referencias bíblicas en los capítulos posteriores.

En el Capítulo 5, la conversión de las línea de tiempo es proporcionada:

— El cronograma de la creación es descrita con la mejor precisión, usando horas, no días.

— Tiempo Divino, o el tiempo medido por Dios, se dibuja en paralelo mostrando su conversión a la línea de tiempo de la Creación.

— Tiempo Humano, el tiempo medido por un ser humano, es además dibujado en paralelo, demostrando su conversión a Tiempo Divino.

Un método para convertir Tiempo de Creación a tiempo medido por la ciencia, Tiempo bíblico de la línea de Creación se compara a continuación con tiempo obtenidos científicamente de eventos clave:

En el Capítulo 6, la edad del universo se calcula a partir de la narrativa de la Creación y, en comparación con la estimación científica.

En el Capítulo 7, todos los acontecimientos cosmológicos descritos en la narrativa de la Creación son comparados con los acontecimientos pronosticados por la teoría del Big Bang.

En el Capítulo 8, la secuencia y la cronología de la aparición de la vida en la Tierra tal como se describe en el relato de la Creación son comparados con los del registro fósil.

En el Capítulo 9, los tiempos de las grandes extinciones de la vida se derivan de los eventos ocurridos en la narrativa de la Creación y son comparados con los tiempos de las extinciones de vida observadas en el registro fósil.

El Capítulo 10, trata sobre la línea de tiempo del desarrollo de la humanidad.

Para cuando lleguemos al Capítulo 11, la conclusión del libro, nos será evidente que tanto el Tiempo Humano como el Tiempo de Creación estarán en armonía. Comprender la correlación entre los dos marcos de tiempo, y por lo tanto entre los acontecimientos en el pasado, nos lleva a un nuevo nivel de comprensión y cuestionamiento de nuestros orígenes.

---

[1]   Edward J. Larson, *La Teoría de la Evolución: una Historia de Controversia* (EE.UU. La enseñanza Company, 2002), pág. 34.

[2]   Génesis 1:1-5, la Santa Biblia, Versión King James. Nueva York: Oxford Edición: 1769; King James Bible Online, 2008. http://www.kingjamesbibleonline.org/.

[3]   Muchos musulmanes creen las escrituras judeocristianas se han dañado y, por lo tanto, son inexactas las opiniones reales de las revelaciones a Moisés, David, y Cristo.

[4]   La Torá está compuesta por ley escrita: Cinco Libros de Moisés, los profetas, los escritos (es decir, los Salmos), Sanhedrín, Leyes Rabínico y Costumbres; y ley Oral: Talmud (Mishná, Gemarah), Explicación, midrashim, que se refiere Zohar. Las citas bíblicas y los comentarios (a menos que se indique lo contrario hace referencia) son de las traducciones en la Piedra *Edición Chumash, la Torah y Haftaros y Cinco Megillos, con un Comentario de Escritos Rabínicos*, Editores Generales Rabino Nosson Scherman y El Rabino Meir Zlotowitz (Nueva York: Mesorah Escogida de Publicaciones Ltd., 2009).   Todos Talmud son citas de los Ingleses trans-tando en *Soncino Talmud Babilónico*, Ed. El Rabino Dr. I. Epstein (Londres: La Soncino Press, 1935-1948).

[5]   Midrash Rabbah sobre Génesis 1:2; Zohar I, 134a, Vol. II, 161b.

[6]   Mark Whittle, *La Cosmología: La Historia y La Naturaleza de Nuestro Universo, Guía* (EE.UU.: La enseñanza Empresa, 2008).

[7]   Martin Gorst, *Midiendo la Eternidad* (Broadway Books, 2001), págs. 254-255.

[8]   George Musser, "Podría Tiempo?", *Scientific American*, 303 (3), septiembre de 2010, págs. 84-91.

[9]   Ibíd.

[10] Eliezer Zeiger, "Espacio, Tiempo y Conciencia." BOr HaTorá Vol. 15, ed. del Prof. Herman Branover (Israel, SHA-MIR, 2005).

[11] "Por mil años en tu presencia son un ayer que pasó (Salmo 90:4) según se interpreta en el Talmud Babilónico, Sanedrín 97a y 97b.

[12] Vlatko Vedral, "Vivir en un Mundo Cuántico", *Scientific American*, 2011 junio, págs. 38-43.

[13] Avi Rabinowitz y Herman Branover, "El Papel del Observador en Halakhah y La Física Cuántica," eds. H. Branover y I. Attia, Northvale, NJ: *Ciencia a La Luz de La Torá: A B'or Ha'Torah Reader,*1994).

[14] Kaufmann Kohler, M. Seligsohn, Isaac ben Samuel de Acre, 2002, JewishEncyclopedia.com.

[15] El Rabino Aryeh Kaplan, *La Edad del Universo: La Torá Verdadera Perspectiva (*Rueven Meir Caplan, 2008).

[16] Alexander Poltorak, "De la Edad del Universo", BOr Ha-Torá Vol. 13, ed. del Prof. Herman Branover (Israel: SHAMIR, 1999). El Dr. Poltorak realiza el cálculo suponiendo el mismo dos períodos de tiempo. Su primer período es un periodo protophysical, y la segunda, una vez que el hombre se convierte en el observador consciente y se derrumba la función de onda, es un ejercicio físico. A pesar de que no afecta a los cálculos, este autor considera que el primer período a ser físico (por ejemplo, el sol es un objeto físico en el día 4) porque Dios es el observador consciente durante este período. Cuando el hombre llega, él toma el papel de observador consciente y determina lo que ocurre en la tierra a partir de entonces (según su "reloj"). Dios oculta y le permite al hombre ejercer su libre voluntad.

[17] Alexander Poltorak, "La Edad del Universo con el Many-Worlds Interpretación", BOr HaTorá Vol. 18, ed. del Prof. Herman Branover (Israel, SHAMIR, 2008).

[18] Gerald L. Schroeder, *La Ciencia de Dios: La Convergencia de Ciencia y Sabiduría Bíblica* (Nueva York: Broadway Books, 1997), Capítulo 3. Este trabajo busca en la ciencia para el factor de conversión en función de la medición científica de la tasa de expansión del universo, el cual tiene el efecto de estiramiento de los seis días de la creación.

Capítulo 2

Puntos de Vista Divergentes: El Debate de Los Orígenes

La controversia[1] de la Creación-Evolución (o el debate de los orígenes) es una constante disputa cultural, política y teológica sobre los orígenes de la Tierra, la vida, la humanidad y el universo. La disputa continua entre quienes abrazan creencias religiosas y apoyan así una vista creacionista, en comparación con aquellos que aceptan evolución como lo dicen los científicos. La controversia particularmente involucra el campo de la biología evolutiva, además de los campos como la geología, la paleontología y la cosmología. Como se verá en este capítulo, la controversia ha tenido graves consecuencias negativas para la sociedad.

Un motivo de división en la controversia se refiere al asunto de la línea: 6.000 años versus 13,7 billones de años. Resolver la discrepancia hará, se espera, fomentará un nuevo diálogo entre la ciencia y la religión, con miras a evitar la repetición de algunos desafortunados eventos de la historia descritos en el presente documento. Para ello, se plantean interrogantes importantes. ¿Qué ocurre si las escrituras mismas argumentan por una interpretación de una época? ¿Y si proveen una escala de tiempo exacta? ¿Y si esta línea de tiempo coincide con la escala científica sorprendentemente bien?

Muchas personas tienen pensamientos profundos sobre el origen de las cuestiones universales y, en concreto, cómo estas cuestiones afectan a sus vidas. Génesis sigue siendo de especial importancia para los cristianos y los judíos porque ellos aceptan la cuenta como la Palabra revelada de Dios.

Investigación Científica

Inicios

La investigación científica comenzó con los antiguos Griegos. A pesar de que muchos griegos conservan creencias religiosas sobre la naturaleza, algunos filósofos griegos propusieron teorías sobre el mundo físico basado en la razón. Por ejemplo, Thales (circa 585 AEC) decidió que el mundo natural se basa en una serie de eventos físicos de las leyes de la física, en lugar de azar o la divina providencia. Empédocles (circa 450 AEC) identificó las cuatro elementos naturales básicos, fuego, agua, aire y tierra y los declaró como eternos en la naturaleza. Platón amplió a las pretensiones de Empédocles, indicando que los cuatro elementos pueden combinarse en una cantidad casi infinita de formas para crear diversas sustancias. Platón considera también que los planetas deben moverse con algún tipo de orden circular, estableciendo el escenario para su posterior estudio científico sobre el movimiento planetario. Sin embargo, Platón consideró que Dios había creado el universo. Eratóstenes (276 AEC a 194 AEC) acuñó el término "geografía" y efectuó la primera medición precisa de la circunferencia de la Tierra. También se le atribuye el mérito de calcular en forma casi precisa la distancia entre la Tierra y el sol; también inventó el día bisiesto, ahora comunes en nuestros calendarios. Desde la clásica época greco-romana, la humanidad ha seguido reflexionando sobre el origen del universo y el principio de la vida misma.

Preguntas en torno al papel de la ciencia en nuestro origen alcanzó un nuevo máximo apogeo durante el Renacimiento, cuando la ciencia asume un papel dominante en foros culturales y educativas. Nicolás Copérnico (1473-1543 EC) observó que la Tierra se mueve alrededor del sol, usando una fórmula para calcular las posiciones de otros planetas. Tycho Brahe

(1546-1601 EC) fue un astrónomo danés que catalogó más de 1.000 estrellas. Johan Kepler (1571-1630 EC) amplió las opiniones de Brahe y observó que los cuerpos celestes siguen órbitas bien definidas que obedecen a simples reglas matemáticas.

A medida que avanzaba la ciencia, autoridades religiosas, particularmente, la de la Iglesia Católica, comenzaron a menguar. Grandes pensadores y mentes religiosas ampliaron su visión del universo al abarcar un periodo de tiempo más largo desde el inicio de la materia hasta la época actual. Como durante los años 1700 las autoridades religiosas se descompusieron, los filósofos naturales lucharon más insistente aún en la elaboración de explicaciones puramente materialistas de la vida.

Una Tierra Vieja

Aproximadamente en el año 1800, el ingeniero civil británico William Smith comenzó a documentar, por primera vez, grandes diferencias en los fósiles encontrados en las capas de los diferentes estratos de roca. Cada época rocosa parecía tener su propia y única población de criaturas. Estos descubrimientos en el campo de la geología condujeron a varias teorías de la Tierra en la antigüedad, y los fósiles revelando extinciones pasadas estimularon la realización de posibilidades evolutivas. Aquellos que creían en la Creación del Génesis respondieron a las pruebas de la vieja Tierra mediante la interpretación de los seis días de la Creación con el de seis épocas. Esta adaptación de las escalas de tiempo permitió que el diálogo entre ciencia y religión continuara.

Evolución

La aceptación generalizada de Pierre Simon Laplace sobre la hipótesis nebular (un modelo para explicar la formación y evolución del sistema solar) estableció un vista evolutiva del origen cósmico tan tempranamente como el 1700. La idea de una evolución orgánica fue ampliamente difundida a principios de los años 1800.

En 1858, después de enterarse de que el naturalista Alfred Wallace había independientemente llegado a la misma idea, Charles Darwin, que había estado trabajando en su teoría de la selección natural durante muchos años, anunció finalmente su teoría y publicó *Sobre el Origen de las Especies* un año más tarde. Este libro revolucionó el pensamiento biológico.

Sobre el Origen de las Especies inicio una revolución actualmente en curso en el pensamiento humano. En la obra Darwin no demuestra su teoría de la evolución por selección natural. En cambio, afirma que es una mejor explicación el origen de especies orgánicas[2] a las de creacionismo. Las implicancias de la teoría de Darwin provocó una polémica inmediata. Aunque aceptar su teoría no impedía creer en Dios, permitió que los defensores prescindieran de la necesidad de creer en un creador sobrenatural de las especies o de la interpretación literal de la cuenta y Creación del Génesis. Además, se trató de un fenómeno que debilita la teología natural (es decir, el hombre como una Creación especial) sugiriendo que las especies evolucionaron al azar a través de una lucha por la supervivencia. Fundamentalmente, la teoría necesitaba billones de años para que sirviera (ej. Que las especies evolucionan), no sólo seis días.

A partir de este punto, la idea de la evolución logro ascendencia en la biología Occidental. Se ofrece una explicación plausible para el origen de todas las especies y plantea una multitud de nuevos temas de estudio científico. En 1875, casi todos los biólogos de Europa y América habían adoptado una visión evolutiva de los orígenes.

Y, como biólogos aceptaron la teoría básica de la evolución, incluso llegaron a dudar de la suficiencia de la idea de Darwin de que la evolución era un proceso al azar que procedió a efectuar variaciones mediante la lucha por la supervivencia. Mecanismos alternativos de la evolución fueron considerados, aunque al final una versión mejorada de la teoría de Darwin fue probada como correcta.

A pesar de que para el 1900 la mayoría de los biólogos Occidentales y algunos intelectuales aceptaron alguna de las teorías de la evolución, la oposición de algunos intelectuales y religiosos populares de la oposición calaron hondo. Los argumentos técnicos usados por los científicos no lograron persuadir al público, muy en especial cuando se trata de la noción de que los seres humanos han evolucionado a partir de los simios. El registro fósil se convirtió en un obstáculo para lograr una amplia aceptación de las ideas científicas. Los opositores denunciaron la falta de fósiles que unían grandes tipos biológicos (como los reptiles y mamíferos) o los seres humanos a sus presuntos antepasados simios. Los profundamente religiosos rechazaron todas las impugnaciones de la cuenta bíblica literal de los seis días de Creación.

Genética

Incluso los evolucionistas están empantanados en dudas y discrepancias en los albores del siglo XX. Los biólogos aún creen que la evolución había ocurrido, pero no hubo consenso entre ellos sobre la manera en este operó. Todas las opciones parecen inadecuadas, especialmente el Darwinismo clásico. A continuación, como sucede a menudo en la ciencia, las respuestas vino de una fuente inesperada—de la genética.

En el decenio de 1940, se llegó a un consenso entre los biólogos sobre cómo opero el proceso evolutivo. La evolución es un proceso puramente materialista impulsado por la selección natural al azar a nivel genético. La síntesis llamada neo-Darwiniana era más Darwiniana que las conclusiones que alcanzo el propio Darwin. El avance fue en gran parte conceptual; la evolución, o por lo menos el mecanismo por el cual actúa, fue y sigue siendo una teoría no probada a nivel macroscópico (ej. es decir, especies cambiando a otras muy distintas especies).

Los Abusos de la Eugenesia

Durante el período que va desde finales del 1800 hasta el año 1940, y mientras que los científicos luchaban con el método evolucionista, el pensamiento evolutivo en el campo de la biología se derramó sobre pensamiento social.

Junto con una rudimentario reconocimiento de la genética, los defensores del Darwinismo social fomentaron el movimiento eugenésico, una cruzada abogando por la procreación de un mayor número de niños de padres genéticamente aptos y menos niños genéticamente no aptos. Por lo general los autores equiparan el físico con la inteligencia, pero a menudo favorecían la fuerza física, la salud y la belleza. Algunos de los métodos llamaron a la participación voluntaria, pero muchas naciones y estados estadounidenses promulgaron algún tipo de leyes eugenésicas obligatorias antes de que el movimiento fue desacreditado por los nazis durante la Segunda Guerra Mundial.

El movimiento de la eugenesia positiva alentó a los padres de los más aptos para reproducirse con el fin de dar a luz a descendientes más fuertes y más sanos. Líderes respetados como Winston Churchill y Franklin Delano Roosevelt, entre otros destacados políticos, expresaron su preocupación por el hecho de que las clases sociales no se reproducían en números suficientes. El sociólogo progresista Edward A. Ross se refirió a esta vena de pensamiento como "suicidio de raza". Se elaboraron programas educativos para enseñar a los estudiantes la importancia de la selección eugenésica de su compañero, así como el deber cívico de tener hijos. Antiguas leyes anticegenación se reavivaron. Las sociedades eugenésicas que adoptaron estos valores patrocinaron concursos de "la familia más en forma" y "él bebe eugenésico". Incluso se propuso que se establezca un gimnasio eugenésico como pre requisito antes del matrimonio, esto fue incluso adoptado como política por parte de algunas iglesias protestantes liberales. Algunos países adoptaron políticas de impuestos y políticas de desempleo para fomentar a aquellos ciudadanos capaces a tener hijos. Por otra parte, el objetivo de eugenesia negativa fue tener menos niños de los que se consideraban no aptos.

El movimiento creció en tales proporciones que los estados Americanos y las naciones occidentales, en su mayoría adoptaron políticas de desegregación sexual disgénica de clases específicas, especialmente las personas con retraso mental. Treinta y cinco estados Americanos, OEA, y varios países europeos generaron políticas y leyes para esterilizar sexualmente a los enfermos mentales y discapacitados, junto con los delincuentes habituales y epilépticos. Alemania amplió más tarde este programa para incluir los Judíos.

Aproximadamente 60.000 estadounidenses fueron esterilizadas en programas estatales obligatorios. Estos programas fueron confirmados como constitucionales por el Tribunal Supremo de los Estados Unidos en 1927. En parte por razones eugenésicas, el Congreso limitó la inmigración de razas no nórdicas. Alemania Nazi avanzó de la esterilización eugenésica a la de la eutanasia. Genetistas alemanes apoyaron agresivamente los programas de pureza racial. Los biólogos fueron el grupo que entrego más adherentes al Partido Nazi que cualquier otro grupo de profesionales.

Salvo en el caso de la Iglesia Católica, la oposición a la eugenesia fue desorganizada y poco efectiva hacia finales de la década de 1930, cuando las practicas Nazis crecieron hasta alcanzar proporciones alarmantes y desacreditaron todos estos esfuerzos. Aproximadamente al mismo tiempo, cada vez más científicos sociales comenzaron a examinar causas ambientales del comportamiento humano. La nutrición reemplazo a la naturaleza en el pensamiento científico. Gradualmente, los genetistas han reconocido la complejidad de la herencia humana. Remedios eugenésicos simples fueron abandonados de manera de tratar rasgos con multi-factores. Al final de la Segunda Guerra Mundial, el Darwinismo social estaba en una bancarrota moral.

El Creacionismo

Décadas de interés popular acerca de la teoría de la evolución surgieron durante la década de 1920 en un movimiento liderado por los protestantes conservadores estadounidenses de no enseñar evolución en las escuelas públicas. El movimiento fue parte de su mayor esfuerzo para defender sus creencias y valores tradicionales contra el liberalismo en la iglesia y el laicismo en la sociedad. El movimiento encontró inmediata oposición de los liberales religiosos y una amplia gama de secularistas. La batalla sobre la teoría de la evolución se unió porque ambas partes consideraron que era fundamental para el liberalismo religioso y científico secular. La batalla llegó a su punto culminante en 1925, cuando la nueva ley en Tennessee de no enseñar evolución fue cuestionada por un maestro llamado John Scopes. El caso de la corte ayudó a convertir el tema en un punto de inflamación y controversia en la opinión pública. El estatuto anti-evolución fue confirmado como constitucional. Otros estados americanos y sus distritos escolares impusieron medidas similares.

El Creacionismo Científico

Después de la conmemoración del centenario de Darwin *Sobre el Origen de las Especies* en 1959, los científicos aclamaron el triunfo de un consenso de la teoría de la evolución. Los científicos ignoran en gran medida la persistente anti-evolución que marcó el Cristianismo conservador en América, y supusieron que moriría. Sin embargo, sectores religiosos judeo-cristianos habían derivado hacia una interpretación más literal de la Biblia como la Palabra de Dios, y los seis días de la Creación como literales de 24 horas al día. Con el aumento del movimiento neo-darwinista, este movimiento recrudeció las tensiones entre creencias religiosas tradicionales y los modernos pensamiento científicos. Esas tensiones subyacen en el enorme impacto que produjo "El Diluvio del Génesis"[3], un libro de 1961 que sostiene que la evidencia científica apoya el relato bíblico de la Creación. Sin embargo aunque no fue admitido ni aceptado por la comunidad científica, llegó a ser conocido como creacionismo científico.

El creacionismo científico de los Estados Unidos arrasó con las iglesias protestantes conservadoras durante la década de 1960 y 1970, reanudado la creencia de que Dios había creado el universo y todas las especies en los últimos 10.000 años. En lugar de simplemente oponerse a teoría de la evolución, los creyentes ofrecen en la actualidad un punto de vista alternativo para su inclusión en la educación pública. Con el aumento de la derecha cristiana en la política americana, los creacionistas impusieron esta teoría en muchas áreas hasta 1987, cuando la Corte Suprema de los Estados Unidos revocó las instrucciones creacionistas porque violaban la ley constitucional al separar la iglesia y el estado. Uno por uno, cada programa docente del creacionismo científico fue dejado sin efecto por ser inconstitucional, que culminó en 1987 con un fallo de la Corte Suprema de Estados Unidos en contra de la ley de Tratamiento Equilibrado de Luisiana (Lousiana's Balanced Treatment Act). El Tribunal dictaminó que ninguna ley es necesaria para enseñar pruebas científicas a favor o en contra de la evolución; por lo tanto, esta ley debió haberse aprobado para promover la religión. Con estas sentencias terminaron con las enseñanzas del creacionismo científico en las escuelas públicas.

Entre el diez por ciento de los norteamericanos que rechaza la intervención divina como parte de nuestros orígenes, una lucha puramente neo-Darwiniana por la supervivencia vía genes mutantes al azar reemplaza el diseño como la fuente de la diversidad de la vida. Otros en este campo, tales como el paleontólogo Stephen Jay Gould (que murió en 2002, pero cuya influencia sigue siendo muy fuerte), creía que la síntesis neo-Darwiniana requería de perfeccionamiento para dar cuenta de la evolución aunque todavía confía en los mecanismos totalmente materialistas, aún por descubrir.

Los creacionistas creen que la evolución no ha sido demostrada. Ellos mantienen sus ideas alternativas (o al menos objeciones científicas al materialismo) pertenecen en la sala de clases. Incluso muchos estadounidenses que rechazan el creacionismo aceptan que un diseño inteligente no debería descartarse automáticamente como fuente de vida y de cada una de las especies. En los Estados Unidos, el debate sobre los orígenes sigue siendo tan intenso como siempre, como también la controversia sobre los periodos de tiempo.

Evolución Teísta

Perdido en el polarizado conflicto entre evolución materialista y Creación especial están aquellos que aceptan que las especies evolucionan ven el papel de Dios en ese proceso. En términos generales, es evolución teísta.

Algunos Darwinistas también creen que ciertos rasgos humanos, como el amor y la conciencia, se crearon especialmente en los homínidos evolucionalmente más avanzados para formar seres humanos. La Iglesia Católica acepta esta posición.

Entre los evolucionistas teístas y los creacionistas especiales se auto-identifican los creacionistas progresivos. Creen que Dios intervino en diversos puntos en el pasado geológico para crear las formas de vida básicas que luego evolucionaron hasta convertirse en las diversas especies que conocemos hoy en día.

La mitad de todos los estadounidenses no aceptan ningún papel significativo de la evolución en la generación de diferentes tipos de plantas y animales. A lo más, ellos aceptan la llamada micro-evolución de especies similares, como los pinzones de Darwin en las Islas Galápagos.

Diseño Inteligente

Durante la década del 1990, un grupo libremente organizado por los eruditos Cristianos avanzaron la idea de que las especies son simplemente demasiadas complejas para evolucionar. Y evitando argumentos bíblicos y cronologías, las especies vienen como el producto de un diseño inteligente. Algunos de los miembros de este grupo subraya que la ciencia no debe *excluir a priori* a causas sobrenaturales los fenómenos naturales; las lagunas y abruptas apariciones en el registro fósil se explican mejor por una Creación especial.

Situación Actual

Casi 150 años después de la publicación de la teoría de Darwin sobre la evolución por selección natural, sigue siendo fundamental en el debate científico y popular del origen orgánico. Los científicos suelen aceptar y presionar sus aplicaciones. Muchos otros lo ven como fallas. La abrupta naturaleza del registro fósil, en particular, la explosión del Cámbrico que muestra un repentino comienzo de vida complejas en un período muy corto, y la existencia de rasgos, tales como el amor y la conciencia, siguen siendo para algunos explicable sólo por el creacionismo especial.

La división es en parte subrayada por la incapacidad de conciliar las historias (ej. es decir, el científico que cuenta a través del Big Bang y el registro fósil en oposición con el relato del Génesis) en una escala de tiempo común. Muchos ya han abandonado la idea de las primeras seis épocas del Génesis (ahora conocido como el creacionismo antiguo de la Tierra[4]) y se han trasladado a una interpretación literal de los seis días (que en la actualidad se conoce como el creacionismo de la joven Tierra[5]), con la mayoría de los científicos manteniendo un criterio estricto de la evolución, durante miles de millones de años, donde no hay espacio para Dios.

Hoy en día, el debate de los orígenes, que históricamente ha sido una de las más destacadas en los Estados Unidos, se está extendiendo a otros países. En Europa, la Comisión de Cultura, Ciencia y Educación de la Asamblea Parlamentaria del Consejo de Europa publicó recientemente un informe sobre el intento de creacionistas norteamericanos para promover el creacionismo en las escuelas de Europa. El informe afirma:

> Si no tenemos cuidado, el creacionismo podría convertirse en una amenaza a los derechos humanos, que son una de las principales preocupaciones del Consejo Europeo.... La guerra sobre la teoría de la evolución y sus proponentes mayoritariamente proviene de las formas de extremismo religioso, que están estrechamente aliadas a los movimientos políticos de extrema derecha... algunos defensores del creacionismo quieren sustituir la democracia por teocracia.[6]

En el mundo islámico la situación es mixta.[7] En Egipto, la evolución actualmente se enseña en las escuelas. Pero Arabia Saudita y Sudán han prohibido la enseñanza de la teoría de la evolución. El creacionismo Científico también ha sido fuertemente promovido en Turquía y en las comunidades musulmanas inmigrantes en Europa Occidental. En Israel, el debate sigue también, como se muestra a continuación en un informe de prensa del 2010:

> El jefe científico del Ministerio de Educación causo furor desatado un sábado con comentarios que cues-

tionan la fiabilidad de la evolución: "Si los textos de estudio indican explícitamente que los orígenes de los seres humanos se encuentran en los monos, me gustaría que los estudiantes persigan y luchen frente a otras opiniones. Dijo, hay muchas personas que no creen que la teoría de la evolución es correcta."[8]

En los Estados Unidos el público en general sigue estando dividido por el debate de nuestros orígenes. Las encuestas (véase el Tabla 2.1[9]) indican que aproximadamente la mitad de la población cree que Dios creó especialmente a los primeros seres humanos. Parte del resto cree que Dios guio la evolución. Alrededor del 15% cree en la teoría sin Dios.

La línea de tiempo de los orígenes sigue siendo el componente principal en el debate mundial.

Tabla 2.1 Creación vs. Evolución—Creencias en los Estados Unidos

Sistema de Creencia	Punto de Vista Creacionista	Evolución Teísta	Evolución
Creencias	Dios creó al hombre casi igual a su forma actual en algún momento durante los últimos 10.000 años.	El hombre se ha desarrollado durante millones de años de formas de vida más elementales, pero Dios guio este proceso, incluyendo la Creación del hombre.	El hombre se ha desarrollado durante millones de años de formas de vida más elementales, Dios no ha tenido participación en este proceso.
Año			
1982-JUL	44%	38%	9%
1993-JUN	47 %	35 %	11 %
1997-NOV.	44 %	39 %	10 %
1999-AGO	47 %	40 %	9 %
2001-FEB	45 %	37 %	12 %
2004-NOV.	45 %	38 %	13 %
2007-MAY	43%	38%	14%
2012-MAY	46%	32%	15%

---

[1]   Edward J. Larson, *The Theory of Evolution: A History of controversy* (USA: The Teaching Company, 2002).

[2]   Charles Darwin, *On the Origin of Species* (Cambridge: Harvard University Press, 1964).

[3]   John C. Whitcomb and Henry M. Morris, *The Genesis Flood* (NJ: Presbyterian and Reformed Publishing Co., 1961).

[4] Creacionismo antiguo (CA) es un paragua para una serie de proponentes creacionistas. Su visión mundial es normalmente más compatible con los principales pensamientos científicos sobre las cuestiones de la geología, la cosmología y la edad de la tierra, especialmente en comparación con los creacionistas jóvenes de la tierra; sin embargo, los seguidores de la OEC siguen siendo en general los que toman la creación literalmente del Génesis (aunque aceptando la opinión de las seis épocas) que aquellos que se atienen a una evolución teísta (también conocido como el creacionismo evolutivo) en que el OEC rechaza aceptar el consenso científico sobre la evolución.

[5] Creacionismo de la tierra joven (YEC) es una forma de creacionismo que sostiene el cielo, la tierra, y toda la vida en ella fueron creados por actos directos de Dios durante un período relativamente corto, en algún momento entre 5.700 y 10.000 años atrás. Sus seguidores tienen como base para sus creencias que Dios creó la tierra en seis días de 24 horas, siguiendo una interpretación literal del Génesis.

[6] Council of Europe, Parliamentary Assembly, Resolution 1580 (2007), *The Dangers of Creationism in Education,* el texto aprobado por la Asamblea el 4 de octubre de 2007 (35ª sesión) (véase el documento 11375, informe de la Comisión de Cultura, Educación y Ciencia, ponente: relator: Sr. Brasseur).

[7] Stephen Jones, "In the Beginning: The debate over Creation and Evolution, Once most Conspicuous in America, is Fast going global", *The Economist,* 19 de abril de 2007.

[8] O Kashti, Zafrir Rinat, "Scientist Irate after Top Education Official Questions Evolution", Haaretz.com, 29 diciembre del 2010.

---

[9] (i) "Reading the Polls on Evolution and Creationism", Pew Research Center Pollwatch, 28 de Septiembre del 2005.

(ii) "Evolution, Creationism, Intelligent Design", Gallup Inc., 14 de Julio del 2012, www.gallup.com/poll/21814/evolut ion-creationism-intelligent-design.aspx. La pequeña diferencia entre el total y el 100% se debe a "no sé" como respuesta.

Capítulo 3

La Respuesta Científica

¿El método científico ha producido una línea de tiempo para el desarrollo del universo y la aparición de la vida en la Tierra?

Si es así, ¿cuán completa es esta información?

La teoría del Big Bang es la respuesta científica que explica y ofrece un calendario para el desarrollo de nuestro universo. Esta teoría exhaustivamente comprobada es uno de los más grandes éxitos de la ciencia moderna.

Evolución es la teoría científica para explicar la aparición de la vida en la Tierra. El registro fósil documenta la historia de la aparición de la vida en la Tierra. Los fósiles entregan un claro panorama de la línea de tiempo para la aparición de la vida en los últimos 3,5 billones de años. Este hecho es un registro que es independiente de cualquier teoría, tales como la evolución, ya que simplemente documenta el tiempo de los fósiles cuando son descubiertos, clasificados, y fechados.

El propósito de este capítulo es examinar las conclusiones que tanto la teoría del Big Bang como la del registro fósil nos dicen acerca de la escala de tiempo en el desarrollo del universo y la aparición de la vida sobre la Tierra. La información contenida en este capítulo resume el estado actual (al 2011 EC) de los conocimientos científicos, basándose en los artículos revisados por nuestros pares y libros escritos por reconocidos científicos.

Como se discutió en el Capítulo 1, el método científico nos entrega una forma robusta para medir las cosas (como por ejemplo, la edad de los huesos) y desarrollar explicaciones y teorías de nuestro universo y del mundo. Con el paso del tiempo, el método científico ha demostrado llegar a resultados correctos, siempre y cuando estos resultados puedan ser probados. El método científico consistentemente nos ha entregado resultados extraordinariamente útiles y precisos de los cuales dependemos en nuestras vidas, y de hecho, creemos y confiamos cada día. No hay motivo para dudar de la exactitud fundamental del conocimiento que abarca la teoría del Big Bang y de la edad y la naturaleza del registro fósil, aunque las mejoras continúan surgiendo de manera sistemática.

Una comparación entre la Creación del Génesis y los descubrimientos científicos no pueden ser realizados sin antes entender que las teorías y medidas producidas por el método científico son ampliamente precisas.

La Teoría del Big Bang

Descripción General

Lo que se conoce como el Big Bang es la teoría cosmológica de los orígenes del universo y su desarrollo. De acuerdo con el modelo del Big Bang, el universo, originalmente en un estado extremadamente caliente y denso, se expandió rápidamente. Desde entonces, se ha enfriado y ha continuado su expansión hasta su actual estado diluido. Sobre la base de los mejores mediciones, los científicos han determinado que el estado original del universo data de hace unos 13,7 billones de años atrás[1]. La teoría ofrece la explicación más precisa y lógica la que es apoyada por evidencia científica actual y sus observaciones.

Este modelo de la cosmología se basa en dos ideas principales que se remontan a principios del siglo 20: relatividad general y el principio cosmológico. La relatividad general—o la teoría general de la relatividad—es la teoría de la gravitación publicada por Albert Einstein en 1915. Sigue siendo el consenso de la física moderna, proporcionando una descripción unificada de la gravedad como una propiedad geométrica del espacio y del tiempo.

El principio cosmológico es el trabajo de la hipótesis de que los observadores en la tierra no ocupan un lugar o ubicación restrictiva, inusual o privilegiada dentro del universo y por lo tanto, no hay direcciones o lugares preferidos en el universo. Esto significa que toda la materia en el universo es en promedio distribuida uniformemente.

Tomando en consideración la ley de la gravedad y formular una hipótesis acerca de cómo la materia se ha distribuido, el siguiente paso es evaluar la dinámica del universo—de cómo el espacio y la materia evolución en el tiempo. Los detalles dependen de más información acerca de materia en el universo, es decir, su densidad (masa por unidad de volumen) y su presión (fuerza que ejerce por unidad de superficie). Pero la imagen genérica que se deduce es que el universo comenzó a partir de un volumen muy pequeño con una tasa de expansión inicial. En la mayoría del tiempo, esta tasa de expansión ha ido enlenteciendo (desaceleración) debido a la atracción gravitacional de la materia en sí misma. Sin embargo, recientemente esta expansión ha comenzado a acelerar debido al efecto de la hipótesis de la energía oscura, que tiene el efecto opuesto de gravedad (es decir, causa que la materia se separe).

Ajustando la Teoría para que Coincida con las Observaciones [2]

Hoy en día se pueden medir con precisión grandes áreas del universo basados en instrumentos en el espacio y en la tierra. Con estas mediciones, podemos determinar más o menos una docena de parámetros cosmológicos que definen las propiedades del universo. Cuando estos parámetros se utilizan en la teoría del Big Bang, la teoría predice resultados que coinciden con las actuales observaciones.

Cinco series de observaciones claves constituyen las mediciones que se utilizan para determinar los parámetros cosmológicos:

1. las medidas de la distancia a estrellas cercanas,

2. mediciones de distancia para objetos astronómicamente remotos,

3. historial de microondas (ej. la radiación dejada de una fase temprana en el desarrollo del universo) y su espectro de sonido,

4. mapas de la rapidez con la que las galaxias se mueven, y

5. el raudal de luz de los elementos (ej., la tasa por la cual la más mínima de las luces están presentes en el universo).

A pesar de las medidas mencionadas, sólo uno o dos de estos parámetros, cuando se combinan forman una herramienta increíblemente potente con un alto nivel de precisión. El mejor parámetro de ajuste se le denomina el modelo concordancia. Es la extraordinaria capacidad que tienen puntos de observación completamente distintos al hacer una identificación y llevarnos a los valores de los parámetros que han llevado a la aprobación de la teoría del Big Bang por parte de la comunidad científica.

Después que los parámetros son determinados, el modelo del Big Bang es calculado por un computador para fechar eventos y predecirlos desde el comienzo de los tiempos hasta la actualidad.

El Cronograma Inferido por la Teoría del Big Bang

La teoría desarrolla una cronología técnica muy detallada de los primeros segundos de la existencia del universo, que no se reproducen aquí por ello supone un nivel de detalle que no se obtiene del relato del Génesis bíblico.

El texto siguiente (Tabla 3.1) describe el desarrollo del universo como lo predice la teoría, indicando la cronología como una secuencia desde el principio (en el momento cero) hasta ahora, describiendo los principales acontecimientos observables en cada periodo de tiempo.

Tabla 3.1 Cronograma del Desarrollo del Universo

Tiempo	Descripción
Los primeros tres minutos Fase temprana del Big Bang[3]	Desde una condensada masa de energía inicial, espacio y tiempo, fuerzas de la física, las partículas elementales se forman, incluyendo materia oscura y bloques de materia normal. Como se verá más adelante, todos los parámetros del universo son, de alguna manera milagrosa sintonizados para crear un universo habitable.
Tres Minutos El hidrógeno aparece	A medida que el universo se expande, la temperatura desciende hasta el punto en que los núcleos atómicos pueden comenzar a formarse. Los protones (iones de hidrógeno) y los neutrones se comienzan a combinar en núcleos atómicos en el proceso de fusión nuclear. Sin embargo, esto sólo dura alrededor de diecisiete minutos, momento a partir del cual la temperatura y la densidad del universo han caído hasta el punto de que la fusión no puede continuar. En este punto, hay aproximadamente tres veces más hidrógeno que helio-4 (en masa) y sólo trazas de otros núcleos. Todos los demás elementos del universo se forman mucho más tarde debido a las reacciones nucleares en las estrellas— un proceso conocido como nucleosíntesis.

Tiempo	Descripción
5 a 200 MY (Millones de años) La Edad Oscura	5 MY, la mayoría de los fotones (luz) se encuentran en el espectro infrarrojo y el universo parece oscuro. Gas atómico continua cayendo hacia los grumos de materia oscura, los que crecen más pronunciadamente. Cerca de 100 MY, los grumos más densos detienen su expansión y comienzan a desmoronarse (debido a su propio peso). 200 MY las primeras mini aureolas de materia oscura se forman, y dentro de estos el gas atómico se enfría y se colapsan y crean las primeras estrellas, cuya luz termina con la edad oscura.
200 a 800 MY Primeras estrellas y la época de re-ionización	Dado que las primeras estrellas contienen gas prístino, estas son enormes, luminosas, caliente, y de corta vida (aproximadamente 1 MY de vida) en comparación con las estrellas de hoy (nuestro sol tiene una duración prevista de 10 BY). Se encuentran muy agrupadas debido a que se forman en donde existe el máximo de densidad en todas las escalas. Mueren en las explosiones de supernovas, liberando elementos pesados (estableciendo el resto de la tabla periódica a través del proceso de nucleosíntesis) que contaminan el gas circundante. La fuerte radiación de las primeras estrellas, y posiblemente los primer quásares, ionizan la mayoría del restante hidrógeno y helio en el universo. Esto hace que todo el universo parece ser un gigantesco cartel de neón. Luz está en todas partes (ej. decir, sin manchas oscuras en el cielo).

Tiempo	Descripción
1 a 2 BY Las primeras galaxias	Grupos de estrellas se juntan para formar galaxias. Este tiempo se caracteriza por frecuentes colisiones de galaxias, altas tasas de natalidad de estrellas y altas tasas de supernovas. La producción de elementos pesados cambia el patrón en la formación de estrellas, reduciendo su masa, lo que hace que sean menos luminosa y más longevas, más como las estrellas de hoy. El universo ya no está completamente iluminado; ahora está lleno de estrellas brillantes, como también por zonas oscuras.
2 a 3 BY Formación de estrellas y el apogeo de los quásares	La tasa de natalidad de las estrellas alcanza su máximo, al igual que la formación y la alimentación de los masivos y enormes agujeros negros, y mucho del universo visible es creado. A partir de este momento todavía existe nacimiento y muerte de estrellas, pero la tasa de formación de estrellas disminuye rápidamente con el tiempo y eventualmente llega hasta el día de hoy con una muy baja tasa de natalidad.
5 a 8 BY Continua la formación de galaxias	Los primeros racimos ricos en galaxias se forman por los 5 BY. La formación del disco[4] de la Vía Láctea, a partir del cual se hace el sistema solar, se produce en alrededor de un 5,5 BY. La primeras y más modernas galaxias espirales ya se habían formado para los 8 BY.
9 BY Formación del sistema solar	El sistema solar[5] se forma (es decir, sol y los planetas).
13.7 BY Hoy	La teoría predice que son 13,7 BY el tiempo transcurrido desde el inicio hasta ahora, es decir, la edad del universo.

El Problema del Ajuste Fino

A pesar de que la teoría hace un buen trabajo de las observaciones y proporciona una descripción detallada de los acontecimientos, muchas de los cuales pueden ser verificadas, lucha con un problema. Si variamos casi cualquiera de las propiedades particulares del universo, o de las leyes de la física y sus parámetros, por un número muy modesto, el universo no podría existir. Este es el ajuste fino.[6] ¿Por qué los parámetros del universo existen dentro de un estrecho rango de opción de vida? No hay una respuesta científica generalmente aceptada.

¿Cómo podría el universo ser diferente si cambiamos los parámetros? Para averiguarlo, imaginemos lo que sucede si cambiamos uno a uno los parámetros iniciales. Aquí se muestran algunos ejemplos:

1. Un átomo está compuesto de un núcleo rodeado de electrones. El núcleo está formado por protones y neutrones. Los protones son tan sólo el 0,2 por ciento más ligeros que los neutrones. Si invertimos esta situación, los átomos colapsan porque los electrones combinan con protones para hacer neutrones, y el universo contiene sólo fragmentos de materia neutrónica—no hay vida. Si los neutrones fuesen un 10% más pesados que los protones, estos se degradarían en protones, causando que el núcleo se desintegre. Sin núcleos, no hay química. Y no hay vida.

2. ¿Qué pasa con la distribución inicial de la materia en el universo? La materia es bastante uniforme; sin embargo, tiene una estructura pequeña, o rugosidad (piense en ello como ondas), de las cuales las galaxias eventualmente surgirían. Si se ampliase la rugosidad en diez veces, enormes agujeros negros se formarían, pero no galaxias. Si redujésemos la rugosidad en diez veces (es decir, hacer que sea muy suaves), las galaxias podrían no formarse nunca, y los planetas nunca aparecerían.

3. ¿Y si cambiásemos espacio y/o dimensiones de tiempo (una condición a priori inicial)? Simulaciones encontrarían comportamientos caóticos e inestables o comportamientos extremadamente simples, sin riqueza. Sólo un tiempo y dimensiones con 3 espacios proveen comportamientos estables y ricos en posibilidades.

4. ¿Y si variásemos la fuerte fuerza que une a los núcleos juntos? La subimos y todo el hidrógeno se combinaría en el primer minuto de vida, de modo que no habría hidrógeno para que quemaran las estrellas y ninguno para hacer agua. La bajamos y el deuterio (un isótopo del hidrógeno) seria inestable. Sin el deuterio, elementos pesados no se podrían formar, no tendríamos ni planetas ni personas.

En resumen, una vez que los parámetros iniciales son establecidos, la teoría del Big Bang produce una cronología precisa y detallada del desarrollo del universo que coincide con observaciones científicas.

El Registro Fósil

¿Qué es el Registro Fósil?

Los fósiles (del latín *fossus*, literalmente "haber sido desenterrados") son los restos o rastros preservados de animales, plantas y otros organismos del pasado remoto. La acumulación fósiles, los descubiertos y por descubrir, y su colocación en los combustibles fósiles de formaciones rocosas y capas sedimentarias (estratos) se conoce como el registro fósil. El estudio de los fósiles en la cronología geológica, cómo se formaron, y las relaciones evolutivas entre ellos son las funciones clave de la paleontología.

El registro fósil muestra la historia de la vida y como se ha desarrollado a lo largo de 3.5 billones de años.

Evidencia de la Vida Conservada en el Registro Fósil

Los fósiles pueden ser microscópicos, como las bacteria unicelulares con sólo un micrómetro de diámetro, o gigantescas, como los dinosaurios y árboles de varios metros de alto y que pesan toneladas. Un fósil normalmente contiene sólo una parte de los fallecidos organismos, normalmente la parte que fue parcialmente mineralizada durante vida, tales como los huesos y los dientes de los vertebrados, o los esqueletos protectores externos de los invertebrados. Los fósiles también pueden consistir en marcas dejadas por el organismo mientras estaba vivo, como una huella o heces. Estos son las llamadas traza fósiles.

Fechando el Registro Fósil

Desde principios del siglo XX, métodos de datación absoluta, como datación radiométrica (entre ellas las de potasio-argón, argón/argón, el uranio y, para fósiles muy recientes, datación con carbono 14), se han utilizado para comprobar la edad relativa de los fósiles y para producir la edad absoluta de muchos fósiles. La datación radiométrica ha demostrado que los primeros fósiles tienen más de 3,4 billones de años. Diversos métodos de datación siguen en uso hoy en día. A pesar de algunas variaciones en los métodos de datación, estos ofrecen pruebas de una muy antigua tierra, un planeta de aproximadamente 4.6 billones de años.

Datación Radiactiva compara la cantidad natural de desintegración de un isótopo radioactivo y sus productos, utilizando tablas conocidas de desintegración. Toda la materia ordinaria combina elementos químicos, cada uno de ellos con su propio número atómico, que indica la cantidad de protones de su núcleo atómico. Adicionalmente, los elementos pueden existir en diferentes isotopos, cada uno diferenciado por el número de neutrones en el núcleo. Un isótopo particular de un elemento

se llama nucleído. Algunos nucleídos son inherentemente inestables. Finalmente, un átomo con ese nucleído espontáneamente se desintegrará (desintegración radiactiva) en otro nucleído.

Mientras que el tiempo exacto en que un determinado núcleo se desintegra es impredecible, una colección de átomos
nucleídos radiactivo se desintegra a un ritmo de un parámetro
conocido como *media vida*, que generalmente se da en unidades
de años. Después que ha transcurrido la *media vida*, la mitad de
los nucleídos se habrán desintegrado en nucleídos denomina-
dos nucleídos hijos. Normalmente este hijo nucleído es radioactivo, y termina formando un nucleído estable (no radiactivo);
cada paso de este proceso se caracteriza por tener una *media
vida* muy distintiva. Por lo general, la *media vida* de interés en
datación radiométrica es la más larga de la cadena, que es el
factor limitante de la velocidad en la última transformación del
nucleído radiactivo en un hijo estable. Sistemas isotópicos que
han sido utilizados para dataciones tienen una *media vida* desde
unos diez años (tritium) a muchos miles de años (carbono 14),
a un billón de años (potasio-argón), e incluso para períodos de
tiempo más largos.

¿Podemos Confiar en los Resultados de Dataciones Radiométricas?

La *media vida* de un nucleído depende de sus propiedades
nucleares; que no se ve afectada por factores externos, tales
como temperatura, presión, medio ambiente químico o a la
presencia de un campo magnético o eléctrico. Las propiedades
nucleares y, por lo tanto, la *media vida* de los nucleídos se han
mantenido estables mientras la tierra ha evolucionado y sufrido
actividad volcánica y climatológica (incluso la inundación, descrita en el Génesis). Dada la estabilidad de los materiales radiactivos que contiene un nucleído, la proporción de isótopos
radiactivos relacionados por su desintegración ha cambiado de

una manera previsible debido a los efectos de su deterioro en el tiempo. De esta manera la abundancia de los nucleídos relacionados se puede utilizar como una reloj para medir el tiempo entre la incorporación del nucleído original hasta el término de este en un material del presente.

Por lo tanto, los fósiles que contienen o están rodeados de material radiactivo tienen su propio reloj nuclear. Cuando hoy descubrimos un fósil, podemos leer su edad. Métodos similares nos ayudan a conservar el tiempo (relojes nucleares) para nuestros más avanzados sistemas de hoy en día—desde posicionamiento por satélite (GPS) hasta armamento.

La Secuencia de la Vida Revelada en el Registro Fósil

Mediante la síntesis del registro fósil, la clasificación de fósiles, determinando su edad, y colocándolos en el contexto de la escala geológica, los científicos han puesto de manifiesto la secuencia de la vida en la tierra:

1. El registro fósil comienza con rocas de Australia y Sudáfrica de 3,5 a 3,0 billones de años de edad, en las que se conservan los restos de algas verde-azules. En las rocas de más de un mil millones de años de edad, se encuentran sólo los fósiles de organismos unicelulares. En las rocas que tienen alrededor de 550 millones de años (MY) de antigüedad, los fósiles de simples animales multicelulares se pueden encontrar. Hace 530 millones de años atrás (Ma) hay una explosión de la vida, seguida por la progresiva aparición de nuevos animales—y sin embargo, cada uno de ellos en plazos relativamente cortos y bruscos: peces con mandíbulas de hace 400 millones de años, anfibios de hace 350 millones de años, reptiles de hace 300 millones de años, mamíferos de hace 230 millones de años, y aves de hace 150 millones de años atrás.[7] El cronograma detallado revelado por el registro fósil se muestra en la Tabla 3.2.

2. La fosilización es rara. Los científicos han descubierto sólo 250.000 especies fósiles. Dado el gran número de especies a lo largo de su historia, esta es una muy pequeña fracción. De hecho, las millones de especies vivas en la actualidad constituyen aproximadamente solo el uno por ciento de todas las especies que han existido.

3. En algunos casos, el registro puede ser interpretado en el sentido de que muestran que ciertos organismos avanzaron sistemáticamente con el tiempo, cada versión mostrando lo que parece ser una modificación de la anterior. En otros casos, hay grandes lagunas en el registro fósil, y el desarrollo del proceso para algunos organismos no es tan clara. A menudo, microorganismos llevan a un callejón sin salida. Algunos científicos creen que han encontrado algunas formas de transición.[8] Otros han visto procesos evolutivos mucho más puntuados, al igual que el paleontólogo estadounidense y biólogo evolutivo Stephen Jay Gould. "Una vez cada tanto, una criatura más compleja aparece. Pero las adiciones son muy raras y episódicas. Ni siquiera constituyen una serie evolutiva sino una abigarrada sucesión de lejanamente emparentada con los taxones, generalmente representado como células eucariotas, medusas, trilobitas, nautiloides, eurypteridos (un gran pariente del cangrejo herradura), peces, un anfibio como el Eryops, un dinosaurio, un mamífero y un ser humano."[9]

4. En todo tiempo geológico, la vida era interrumpida por diferentes eventos. Gran número de organismos aparecieron en un período de tiempo muy corto, y periódicamente se produjeron extinciones en masa, como al final del periodo Cretáceo, cuando la mayoría de las especies llegó a su fin en un plazo relativamente corto.

5. Vida siguió siendo unicelular en su mayoría para las primeras cinco sextas partes de su historia—desde el primer

registro fósil de hace 3,5 billones de años (BY) hasta los prime-ros bien documentados animales multicelulares de menos de 600 millones de años atrás (Ma). A continuación, el registro muestra la notable explosión del Cámbrico durante el cual to-dos pero uno *filo* moderno de la vida animal hizo una primera aparición en el registro fósil. El nivel *filo* nivel de clasificación biológica corresponde a un grupo de organismos con un cierto grado de similitud morfológica o de desarrollo. Morfología incluye todos los aspectos de la apariencia externa (forma, es-tructura, color y patrón) así como la forma y la estructura de las piezas internas, como los huesos y órganos. Desde la explosión del Cámbrico, "aunque interesante y hechos portentosos se han producido desde que, a partir del florecimiento de los dinosau-rios y hasta el origen de la conciencia humana, no exageramos mucho en decir, que la historia posterior de la vida animal as-ciende a poco más de las variaciones anatómicas de los temas establecidos durante la explosión del Cámbrico dentro de cinco millones de años."[10] Otros han argumentado que la explosión del Cámbrico podría haber tenido una duración duró de hasta 50 millones de años y que algunos filos puede haber aparecido más adelante en el tiempo.[11]

En conclusión, el registro fósil muestra la historia de la vi-da en la tierra. La imagen revela la aparición de formas de vida muy simples de hace 1 billón de años (BY) después de la for-mación de la tierra, seguido de poca actividad durante billones de años, con vida compleja apareciendo en un período de tiempo increíblemente corto de alrededor de 500 millones de años atrás (Ma), seguido por una nueva comparecencia de mu-chas formas de vida y varias extinciones en masa también.

Tabla 3.2 Cronograma de Aparición de la Vida en la Tierra[12]

Tiempo	Actividad en el Registro fósil
Hace 3.5 BY	La fecha de los fósiles más antiguos de organismos unicelulares a partir de este momento.
Hace 2.4 BY	El evento de la gran oxidación, cuando el oxígeno comienza a acumularse en la atmósfera.
Hace 2.2 BY	Surgen evidencias fósiles de algas verde-azules y de la fotosíntesis: la capacidad de recibir luz solar y dióxido de carbono y obtener energía, liberando oxígeno como subproducto.
900 Ma?	La primera vida multicelular se desarrolla alrededor de este tiempo.
630 Ma	Algunos animales presentan simetría bilateral por primera vez: es decir, que ahora tienen una parte superior e inferior, así como una delantera y una trasera claramente definida.
565 Ma	Pistas de animales fosilizados sugieren que algunas criaturas se mueven por sus propios medios.
535 Ma	Comienza la explosión del Cámbrico, con muchos nuevos cuerpos apareciendo.
530 Ma	La primeros animales verdaderamente vertebrados aparecen—animales con una columna vertebral. Alrededor del mismo tiempo aparecen los primeros fósiles trilobitas. Estos invertebrados se ven como cochinillas sumamente grandes y crecen hasta los 70 centímetros de longitud.
500 Ma	Evidencia fósil muestra que los animales estaban explorando la tierra en ese momento.
489 Ma	Comienza la Gran biodiversificación ordoviciense, lo que lleva a un aumento en la diversidad. Dentro de cada uno de los grupos principales de animales y

Tiempo	Actividad en el Registro fósil
	plantas, aparecen muchas nuevas variedades.
460 Ma	Peces se divide en dos grandes grupos: peces óseos y peces cartilaginosos. Los peces cartilaginosos, como su nombre lo implica, tienen esqueletos de cartílago en lugar de hueso más duro. Eventualmente estos incluyen todos los tiburones, rayas y manta rayas.
450 Ma	Dos eventos de extinción ocurren. Juntos están clasificados por muchos científicos como el segundo más grande de las cinco grandes extinciones en la historia de la tierra.
425 Ma	Aparecen las primeras plantas primitivas macroscópicas en la tierra.
400 Ma	Los insectos conocidos más antiguos viven alrededor de este tiempo.
397 Ma	Los cuatro primeros animales cuadrúpedos, o los tetrápodos, emergen en el registro fósil. Los tetrápodos dan lugar a todos los anfibios, reptiles, aves y mamíferos.
385 Ma	Los arboles fosilizados de más antigua data en este período.
375 Ma	Extinción Devoniana Tardía—una prolongada series de extinciones—eliminan un vasto número de especies.
340 Ma	La primera gran división se produce en los tetrápodos, los anfibios se desvían.
310 Ma	Los tetrápodos que quedaron, los sauropsidos y los synapsidos se separan uno del otro. La sauropsidos incluyen todos reptiles modernos, más los dinosaurios y las aves. Los primeros synapsidos también son reptiles, pero con fauces muy distintivas. Se cree que los mamíferos son sus descendientes.

Tiempo	Actividad en el Registro fósil
250 Ma	El período Pérmico termina con la mayor extinción masiva en la historia de la tierra, eliminando grandes extensiones de especies, incluyendo los últimos de los trilobitas.
	El ecosistema se recupera y es sometido a un cambio fundamental. Mientras que antes los synapsidos dominaban, ahora son los sauropsidos que dominan—más famosamente en la forma de dinosaurios. Los ancestros de los mamíferos sobreviven como pequeñas criaturas nocturnas.
	En los océanos, los Ammonitas, primos del calamar y del pulpo aparecen. Varios grupos de reptiles ocupan los mares, desarrollándose en grandes reptiles oceánicos en la era de los dinosaurios.
215 Ma	Aparecen los primeros mamíferos.
210 Ma	Huellas de pisadas de aves son encontradas en esta época.
205 Ma	A medida que termina el período Triásico ocurre otra extinción masiva, permitiendo a los dinosaurios tomar el control sobre sus primos los sauropsidos. Aparecen prototipos de mamíferos con sangre caliente—on capacidad de mantener su propia temperatura interna, independientemente de las condiciones externas.
180 Ma	La primera escisión se produce en la primera población de mamíferos. Un grupo de mamíferos que ponen huevos en lugar de dar a luz a crías vivas se separan de los otros. Pocos sobreviven en la actualidad; entre ellos se encuentran el ornitorrinco y los puercoespines.
150 Ma	Archaeopteryx, la famosa primera ave vive en Europa.

Tiempo	Actividad en el Registro fósil
140 Ma	Alrededor de este tiempo, los mamíferos placentarios se escinden de sus primos los marsupiales. Marsupiales, como el canguro moderno, dan a luz cuando los bebés son muy pequeños, pero los alimentan en una bolsa durante las primeras semanas o meses de vida. La mayoría de los marsupiales modernos viven en Australia, donde llegan por una ruta indirecta. Originario del sudeste de Asia, que se extienden en América del Norte (que se adjunta a Asia en el tiempo), y a continuación a América del Sur y la Antártida antes de hacer el último viaje a Australia hace unos 50 millones de años.
130 Ma	Aparecen las primeras plantas con flores, después de un período de rápida evolución.
105 a 85 Ma	Los mamíferos placentarios se dividen en cuatro grandes grupos: los laurasiaterios (un enorme y diverso grupo que incluyen, los ungulados, las ballenas, los murciélagos, y los perros); los euarchontoglires (primates, roedores, y otros); Xenarthra (incluyendo osos hormigueros y armadillos); y afrotheres (elefantes, cerdos de tierra, y otros).
100 Ma	Los dinosaurios Cretácicos llegan a su tamaño máximo.
65 Ma	La extinción Cretácea-Terciaria borra varias especies, entre ellas todos los reptiles gigantes: los dinosaurios, pterosaurios, ictiosaurios, plesiosaurios. También los Ammonitas son eliminados. La extinción despeja el camino para los mamíferos, que son los que van a dominar el planeta.

Tiempo	Actividad en el Registro fósil
63 Ma	Los primates se dividen en dos grupos: primates con nariz seca y primates con nariz húmeda.
55 Ma	La extinción del Paleoceno/Eoceno resulta en un repentino aumento en la emisión de gases de efecto invernadero que aumentan fuertemente las temperaturas y transforma al planeta, arrasando con muchas especies en las profundidades del mar—aunque dejando especies en el mar poco profundo y la tierra.

[1]   (i) Resultados de la Wilkinson Microwave Anisotropy Probe (WMAP) lanzado en 2001, establece la edad de la universo en 13,7 mil millones de años más o menos 130 millones de años. Cosmo-modelos lógicos basados en la constante de Hubble (como ΛCDM) resultado de 13,73 millones de dólares por año-viejo universo.
Consulte http://map.gsfc.nasa.gov/universe/uni_age.html.

(ii) Gary F. Hinshaw, et al, "Plan Quinquenal Sonda de Anisotropía de Microondas Wilkinson Observaciones: procesamiento de datos, mapas celestes y resultados básicos," *la revista Astrophysical Journal Suplemento* 180/2 (2009), págs. 225-245.

[2]   Mark Whittle, *La Cosmología: La Historia y La Naturaleza de Nuestro Universo, Guía* (EE.UU.: La Enseñanza Empresa, 2008), págs. 129-133.

[3]   Mark Whittle, *La Cosmología: La Historia y La Naturaleza de Nuestro Universo, Guía* (EE.UU.: La Enseñanza Empresa, 2008), págs. 217-223. Para todos los eventos durante los 5 primeros.

[4]   Eduardo F. del Peloso, et al., "La Edad de la Galaxia Disco Delgado de Th/Ue Nucleocosmochronology: Muestra extendida," *Actas de la Unión Astronómica Internacional* v. 1 (23 de

diciembre de 2005), págs. 485-486 (Cambridge University Press).

[5] Alfio Bonanno, Helmut Schlattl y Lucio Paternò, *"La Edad del Sol y la Corrección Relativista de la EOS,"* *A&A* 390/3 (2002), págs. 1115-1118.

[6] (i) Mark Whittle, *La Cosmología: La Historia y La Naturaleza de Nuestro Universo, Guía* (EE.UU.: La Enseñanza Empresa, 2008), págs. 169-173.

(ii) Paul J. Steinhardt, "La Inflación—Debate es la Teoría en el Corazón de la Moderna Cosmología Profundamente Equivocada?" *Scientific American,*2011 Abril, págs. 38-43.

[7] Michael Marshall, "Timeline: La Evolución de la Vida," *New Scientist*, 14 de julio de 2009.

[8] Keith B. Miller, "El Registro Fósil de Brico y Formas de Transición," *PSCF* 49 (diciembre de 1997), págs. 264-268.

[9] Stephen Jay Gould, "La Evolución de La Vida en La Tierra," *Scientific American*, octubre de 1994, págs. 85-91.

[10] (i) S.A. Bowring, J.P. Grotzinger, C.E. Isachsen, A.H. Knoll, S.M. Pelechaty y P. Kolosov, "Calibración Tasas de Los Cambrian Evolución," *La Ciencia* v. 261, 1993, págs. 1293-1298.

(ii) G.E. Budd, S. Jensen, "Una Reevaluación Crítica del Registro Fósil de los Organismos Primitivos con Simetría Bilateral Existía Filos". *Los exámenes biológicos de la Cambridge Philosophical Society* v. 75 (2), 2000, págs. 253-295.

[11] (i) S.A. Bowring, J.P. Grotzinger, C.E. Isachsen, A.H. Knoll, S.M. Pelechaty y P. Kolosov, "Calibración Tasas de Los Cambrian Evolución," *La Ciencia* v. 261, 1993, págs. 1293-1298.

(ii) G.E. Budd, S. Jensen, "Una Reevaluación Crítica del Registro Fósil de los Organismos Primitivos con Simetría Bilateral Existía Filos." *Los exámenes biológicos de la Cambridge Philosophical Society* v. 75 (2), 2000, págs. 253-295.

[12] (i) Michael Marshall, "Timeline: La Evolución de la Vida," *New Scientist*, 14 de julio de 2009.

(ii) Stephen Jay Gould, *El Libro de la Vida: Un Ilustrado de la Historia de la Evolución de la Vida en la Tierra, Segunda Edición* (Nueva York: W.W. Norton Inc., 2001).

(iii) David M. Raup y J. John Sepkoski Jr., "Extinciones en Masa en el Registro de Fósiles Marinos," *La Ciencia* v. 215 No 4539, 19 de marzo de 1982, págs. 1501-1503.

(iv) John Alroy, "Dinámica de Origen y Extinción en el Registro de Fósiles Marinos," *La Academia Nacional de Ciencias de los EE.UU.*, 105 Supplement 1 (2008 Agosto 12), págs. 11536-11542.

Capítulo 4

Interpretando las Escrituras

Muchas personas leen la Biblia en general, y Génesis en particular, como un relato mitológico de los orígenes humanos. Algunos toman el relato de la Biblia en forma literal.

¿Es posible que el Génesis contenga una línea cronológica confiable sobre el desarrollo del universo y la aparición de la vida en la Tierra?

Si es así, ¿cuán completa es la información, y cómo se compara con las respuestas científicas de hoy?

Como hemos visto en el Capítulo 1 de este libro, el Génesis no está destinado a ser un texto de ciencias. Sin embargo, dado que es parte de la Torá, y la Torá proporciona un plano de la Creación, esta debiese representar una descripción precisa de los eventos y sus tiempos. Todo el relato de la Creación del Génesis de los Capítulos 1 al 3 es de tan sólo de 2.000 palabras (reproducido en el Anexo A de referencia), más corto que la mayoría de los capítulos introductorios de libros de cosmología o evolución. ¿Puede posiblemente contener un cronograma detallado y rico del significado en tan pocas palabras? y ¿dónde podemos encontrar la fórmula para convertir la línea de tiempo de la Creación al tiempo de los hechos, tal como lo miden actualmente los científicos (Tiempo Humano)?

Afortunadamente, la Torá consiste tanto de la Ley Escrita como de la Ley Oral. La breve reseña de nuestros orígenes en la ley Escrita como se detalla en el Génesis se elabora de forma significativa en la ley Oral. Esta tradición oral, junto con las observaciones y obras místicas, rivales, incluso cuando solo se limitan a la Creación, sólo cuentan la longitud combinada de la cosmología contemporánea y muchos de los libros de biología.

De hecho, la Torá ofrece descripciones minuciosas de lo que ha sucedido desde el comienzo del tiempo, así como cuándo y por qué. Esto constituye la línea de tiempo del desarrollo del universo y la aparición de la vida en la tierra.

El objetivo de este capítulo es el de resumir brevemente las metodologías utilizadas para extraer información acerca de los eventos de la Creación y su tiempo en el Génesis, a examinar las fuentes que nos ayudarán a hacerlo, y a ver personajes claves detrás de algunas de estas fuentes. Este capítulo no es un examen exhaustivo de este tema tan complejo, sino que está diseñado para proporcionar una descripción abreviada de las fuentes de información utilizadas en el resto del libro para llegar a una comparación de la narrativa científica de la teoría y de la observación de la Creación. También está destinado a inspirarnos y admirar la riqueza de las fuentes bíblicas. Este capítulo no es una descripción de la respuesta bíblica de la escala de tiempo sobre el desarrollo del universo y la aparición de la vida en la tierra (a diferencia del Capítulo 3, que describe la respuesta basada en la ciencia). La respuesta bíblica es desarrollada en capítulos posteriores, en la medida de lo necesario, con el fin de formar una relación con la ciencia.

El resto del libro incluye muchas referencias a temas bíblicos; estas principalmente se encuentran en las fuentes que se describe en el Capítulo 4.

Génesis Como una Valiosa Fuente de Información

El idioma hebreo bíblico es diferente al de cualquier otro idioma. Aunque sus letras son pictogramas que no son únicos, que cada letra representa tanto una la letra como un número lo distingue de otros sistemas de comunicación humana. El valor numérico de la letra, y por lo tanto la palabra o frase, contiene información útil que se ha convertido en un foco de estudio sobre aspectos místicos de la tradición oral que se encuentran en la Cábala.

La forma de la letra contiene un significado y sentido profundo, que ha conducido a un importante campo de estudio. Hebreo se escribe de derecha a izquierda. Por ejemplo, la primera letra del Génesis, ב, tiene tres lados cerrados y un lateral izquierdo abierto. La primera letra indica el inicio de la historia que desarrollará el texto progresivamente hacia la izquierda. La lección inmediata que derivara de esta letra es que el mundo fue creado incompleto, es decir, con un lado abierto. El trabajo de la humanidad es, por lo tanto, perfeccionar la Creación. De hecho, cuando la perfección sea completada, en la era mesiánica, la letra se cerrara y se convertirá en cuadrado "o." Elaboraciones sobre el significado de la forma de la letra se recrean en páginas y páginas en la literatura Cabalística.

Leer texto en hebreo es similar a la lectura simultánea inglés (es decir, las letras y las palabras), lectura de una fórmula científica (ej. fórmula química o física), y lectura de un diagrama abstracto explicando las diferentes conexiones y procesos. Además de esta riqueza dentro del texto, está la revelación divina en la tradición oral, proveyendo aun mayor detalle, lo que ayuda a interpretar y conectar las diversas secciones de la Biblia para que podamos recoger aún más información.

No hace falta decir que el proceso de lectura del texto para discernir su pleno significado requiere años de estudio, una memoria prodigiosa, un intelecto, y trabajo en equipo. Un esfuerzo no como el de desarrollar por ejemplo la teoría del Big Bang.

Veamos ahora el proceso y las fuentes que se utilizan en este libro para llegar a los eventos en el tiempo descrito en el Génesis.

¿Cómo es el Génesis Utilizado para Obtener Tiempo Humano para los Eventos que los Científicos Han Medido?

La Figura 4.1 de la página siguiente muestra las fuentes bíblicas y el modo en que se utilizan en el libro.

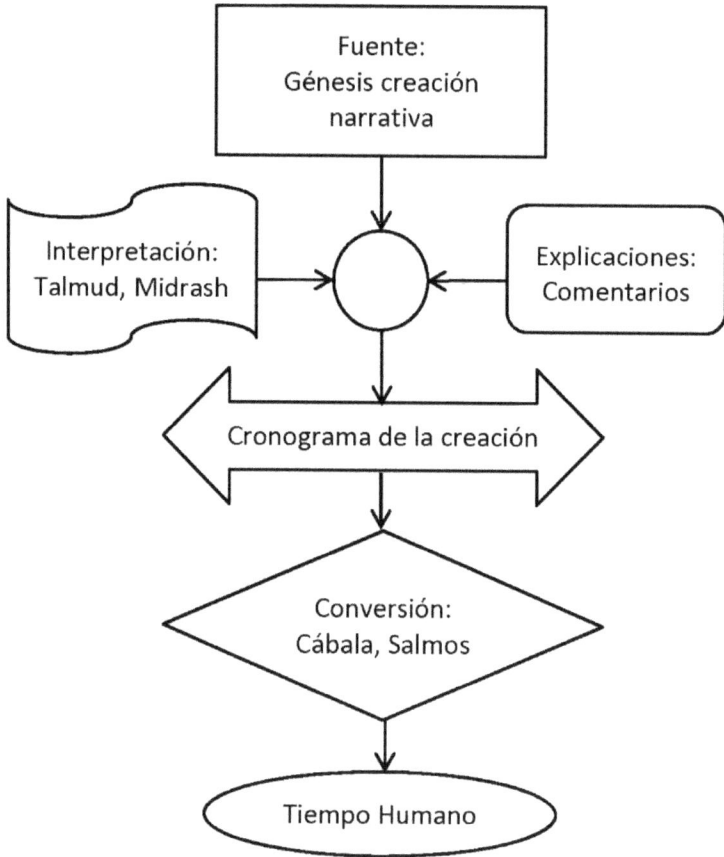

Figura 4.1 Fuentes Bíblicas

El proceso que se siguió para llegar a Tiempo Humano para los eventos de la narrativa de Génesis es el siguiente:

1. Comenzamos con la fuente fundamental—la narrativa de la Creación del Génesis.

2. Utilizamos la tradición oral para interpretar el Génesis y obtener un tiempo más exacto para cada evento de la Creación y para organizar eventos en donde la narrativa de Génesis no es cronológica (ej. Génesis Capítulo 2).

3. Consultamos comentarios claves (y, en particular, dos que se describen más adelante en este capítulo) para la aclaración y explicación de los términos, los acontecimientos y en su significado.

4. Habiendo llegado a un entendimiento de los eventos de Creación y el momento en que se producen (la Creación temporal), se convierte en Tiempo de Creación en el Tiempo Humano mediante la mística de la obra Cabalística.

Revisemos ahora las fuentes y los personajes en cada uno de estos pasos. La fuente fundamental del Génesis ha sido ya descrita; en este punto la revisión del Anexo A, que contiene el texto de la Creación del Génesis es útil.

Interpretación: la Tradición Oral

Dos componentes claves de la ley Oral proporcionan horas más exactas para cada evento de la Creación y nos ayudan a organizar eventos cronológicamente: el Talmud y algunos Midrashim. Estas fuentes, junto con el resto de la tradición oral, se cree que fueron enseñadas a Moisés.[1] De hecho, son la razón por la cual Moisés permaneció tanto tiempo en la montaña (como se describe en el Libro del Éxodo), como Dios le ha dado la ley escrita en un día. Moisés se dice, transmitió esta ley Oral a Josué, Josué, a su vez, a setenta de los Ancianos; los Ancianos a los Profetas, y los Profetas a la Gran Sinagoga.[2] Se cree que las enseñanzas fueron más tarde transmitidas sucesivamente a algunos rabinos. Después de la destrucción del Segundo Templo y la caída de Jerusalén en el año 70 EC, se puso de manifiesto que la comunidad hebrea y sus recursos de aprendizaje fueron amenazados y más evidente aun, que la publicación fue la única manera de garantizar que la ley seria preservada. Por lo tanto, alrededor del 200 EC, la versión escrita de la ley Oral se completó.

El Talmud recibe su nombre de la palabra *Lamud*, o enseñado, y significa La Enseñanza. La Mishnah es la base y la parte principal del Talmud. Se expuso en las academias de Babilonia y en Israel durante la Edad Media. En este libro, todas las referencias son del Talmud Babilónico. Como las interpretaciones aumentaron con el paso del tiempo, las disputas y las decisiones de los doctores de la ley relativa a la Mishnah fueron escritas, y estos escritos constituyen otra parte del Talmud llamado la Gemarah. La Mishnah sirve como una especie de redacción de la ley, y es seguido por la Gemarah que actúa como un análisis de las distintas opiniones que conducen a decisiones concretas.

¿Qué tipo de información revela el Talmud sobre los plazos y la Creación? A continuación se presenta un extracto del cronograma detallado para la Creación del hombre revelada en el Día 6.

> *El día estaba compuesto por doce horas. En la primera hora, su [Adán] polvo se acumuló, en la segunda, que se amasó en una masa sin forma. En la tercera, sus extremidades fueron formadas; en la cuarta...*[3]

Midrash significa exposición y denota las enseñanzas no legalistas de los rabinos de la época talmúdica. Midrash[4] entrega una explicación o análisis crítico, el cual va más profundamente que el mero sentido literal, los intentos de penetrar en el espíritu de las escrituras, para examinar el texto por todos lados y, por ende, derivar en interpretaciones que no son inmediatamente evidentes.

En los siglos que siguieron a la compilación del Talmud (aproximadamente 505 EC), gran parte de este material fue recopilado en colecciones conocidas como Midrashim, que se refiere. Un ejemplo destacado de un Midrash utilizado a lo largo de este libro es el Midrash Rabbah, que agrega detalles críticos a los cinco libros de Moisés; otro ejemplo es Pirkê de Rabí Eliezer, que incluye debates astronómicos relacionados con la narrativa de la Creación.

El Tabla 4.1 nos presenta un resumen cronológico de acontecimientos y personalidades descritas en este capítulo.

Tabla 4.1 Cronología de Fuentes Bíblicas y Personalidades

Tiempo— Año Bíblico	Tiempo— calendario Occidental	Evento o persona
1	3760 AEC	Adán y Eva fueron creados
2448	1313 AEC	Tora fue recibida por Moisés
	1er - 2 Siglo	Autor de Pirkê de Rabí Eliezer
3979	219 EC	Mishná es compilado
	3er Siglo	Autor de Midrash Rabbah
4128	368 EC	Talmud de Jerusalém es compilado
4186	426 EC	Talmud Babilónico es compilado
4260	500 EC	Talmud Babilónico es registrado
4800 - 4865	1040 - 1105 EC	Rashi
4954 - 5030	1194 - 1270 EC	Ramban
	Siglo 13	Zohar aparece en España
	Siglos 13 al 14	Isaac ben Samuel de Acre

Midrash Rabbah

Midrash Rabbah[5] se dedica a explicar los cinco libros de Moisés. Génesis Rabbah es un Midrash al Génesis, asignado por tradición al célebre estudioso de Palestina, Osaías (c. Siglo III), que comento sobre las enseñanzas de la Ley Oral . El Midrash conforma un comentario de todo el Génesis. El texto bíblico se explaya verso a verso, muchas veces palabra por palabra; sólo trozos genealógicos e información similar nonarrativa son omitidos.

Midrash Rabbah contiene muchas explicaciones simples de palabras y frases, a menudo en lengua Aramea, adecuada para la instrucción de la juventud; también incluye las más variadas exposiciones populares en las conferencias públicas de las sinagogas y en las escuelas. De acuerdo con el material o las fuentes a disposición del editor de la Midrash, que ha enlazado las diferentes explicaciones largas y cortas y las interpretaciones de los pasajes sucesivos, a veces en forma anónima, a veces citando al autor. El añade comentarios relacionados de alguna forma con la estrofa en cuestión, o con una de sus explicaciones—un método que no es inusual en el Talmud y en otros Midrashim. Los primeros capítulos del Génesis, sobre la Creación del mundo y de los seres humanos, a su vez proporciona material especialmente rico para este tipo de comentarios. Secciones enteras dedicadas a la discusión de uno o dos versículos del Génesis.

¿Qué tipo de información revela el Midrash Rabbah sobre los plazos y la Creación? Por ejemplo, nos dice que[6] Adán y Eva pecaron exactamente tres horas antes de la puesta de sol en el Día 6. Este nivel de detalle es esencial para establecer la edad del universo y fechar la aparición de vida en la tierra.

Pirkê de Rabí Eliezer

Pirkê de Rabí Eliezer (o "Capítulos de Rabí Eliezer")[7] comprende las directrices éticas, así como las discusiones astronómicas relacionadas con la narrativa de la Creación. Gran parte de la información que no se encuentra en otras fuentes se revela en este trabajo.

A pesar de que nos entrega el nombre del autor, el escritor es desconocido. El reputado autor es el Rabino Eliezer, quien vivió en la segunda mitad del primer siglo EC, y en las primeras décadas del siglo segundo. Era famoso por su gran erudición y está citado en la Mishnah y el Talmud más frecuentemente que cualquiera de sus contemporáneos. ¿Se lo debemos a el hecho mismo de que el escritor de los capítulos e El Rabino Eliezer seleccionó deliberadamente el nombre de este famoso maestro de Israel, como su supuesto autor? En muchos aspectos, el libro es un tema controvertido y poco ortodoxo— controvertido en oposición a las doctrinas y tradiciones actuales en ciertos círculos de épocas anteriores; no ortodoxo en revelar algunos misterios (incluyendo misterios de la Creación) que se supone fueron enseñados en la escuela de Rabban Jochanan ben Zakkai, el maestro de Rabí Eliezer.

Exactamente quién fue el maestro de Rabí Eliezer? Rabban Jochanan ben Zakkai,[8] que floreció en el siglo primero EC, ayudó a preservar y desarrollar el Judaísmo en los años siguientes a la destrucción del Segundo Templo de Jerusalén en el año 70 EC. Se dice que él fue sacado de contrabando en un ataúd de la ciudad sitiada, que habría visitado el campamento romano y habría convencido al futuro emperador Vespasiano para que le permitiera establecer una academia en Jabneh cerca de la costa de Judea. Él estableció ahí una autoridad rabínica y era venerado como un gran maestro y erudito. De acuerdo a la Mishnah,[9] las tradiciones fueron dictadas y entregadas a través de una cadena ininterrumpida de estudiosos; Jochanan, al recibir las enseñanzas de Hillel y Shammai, formaron el último eslabón de esa cadena. Antes de su muerte, se dice que Hillel designo proféticamente a Johanán, el más joven de sus pupilos como "el padre de la sabiduría" y "el padre de las generaciones venideras".

¿Qué aprendió el Rabino Eliezer acerca de la Creación? Por ejemplo, un detalle clave es que el sol es más antiguo que la luna por un período de menos de 2/3 de una hora (en tiempo de Creación).[10]

Explicaciones—Los Comentarios

Los comentarios son explicaciones o interpretaciones fundamentales de los textos bíblicos. El proceso de llegar a estas explicaciones es riguroso y comprende normas y métodos muy específicos y bien elaborados para la investigación y determinación exacta del significado de las Escrituras, tanto jurídicamente como históricamente.

La interpretación del texto examina su sentido más amplio. Como regla general, el sentido más amplio nunca contradice el significado base. Los Comentarios son trabajados en cuatro niveles de significado: (1) el simple o ignificado contextual del texto, (2) el significado alegórico o simbólico más allá de simplemente el sentido literal, (3) el significado metafórico o comparativo como una derivada de otros casos similares en el texto, y (4) el significado oculto o místico. A menudo hay un considerable solapamiento, por ejemplo, cuando los acuerdos legales de un verso se ven influidos por interpretaciones místicas, o cuando una pista es determinada comparando una palabra con otras instancias de la misma palabra.

Dos grandes comentarios utilizados a lo largo de este libro son los de Rashi y Ramban. Los Comentarios de Rashi son ampliamente conocidos por presentar el significado del texto en una forma concisa y lúcida. Los Comentarios de Ramban intentan descubrir los significados ocultos de las palabras bíblicas.

Rashi

Shlomo Yitzhaki (1040-1105 EC), más conocido por el acrónimo Rashi[11] (Rabí Shlomo Itzjaki), era un rabino Francés medieval conocido como el autor del primer comentario comprensivo general sobre el Talmud, así como también un comentario comprensivo sobre la ley escrita (incluyendo el Génesis). Él es considerado el padre de todos los comentaristas que siguieron sobre el Talmud y la Ley Escrita.

Aclamado por su capacidad de presentar el significado básico del texto sucintamente, Rashi atrae tanto a los grandes estudiosos como a los estudiantes principiantes, y sus obras siguen siendo un elemento central del estudio actual. Su comentario sobre el Talmud, que cubre casi todo el Talmud Babilónico, se ha incluido en cada edición del Talmud desde su primera impresión en el decenio de los 1520. Su comentario sobre los cinco Libros de Moisés es una ayuda indispensable para estudiantes de todos los niveles. Solo este último comentario sirve como base para más de trescientos súper comentarios que analizan la elección del lenguaje y citas hechas por Rashi.

Rashi comenzó a escribir su famoso comentario a una edad temprana. La Torá era muy difícil de entenderla correctamente, y el Talmud era aún más difícil. Rashi decidió escribir un comentario en un lenguaje sencillo que fuese fácil para aprender y comprender la Torá. Pero Rashi era modesto, e incluso después de que él se convirtió en el más famoso en todas partes, el dudo salir al mundo con su comentario. Quería tener la certeza de que sería bien recibido. Entonces, escribió sus comentarios en pedazos de pergamino y se fue por dos años de viaje, visitando las diversas academias Torá de aquellos días. Fue en forma anónima, ocultando su identidad.

Rashi llegó a una academia de Tora y se sentó a escuchar la clase de uno de los rabinos. Llegó un difícil trozo de la escritura que el Rabino tuvo que esforzarse para explicarle a sus alumnos. Cuando Rashi se quedó solo, él tomó el papel con su comentario, en el que se explicaba de manera sencilla y clara y lo coloco dentro de unos de los libros del Rabino. A la mañana siguiente cuando el Rabino abrió su libro, se encontró con un misterioso pergamino en el que el trozo de escritura estaba expuesto de forma tan clara y sencilla que le sorprendió. Se los leyó a sus estudiantes. Rashi escucho las alabanzas sobre su comentario y vio cuán útil era para los estudiantes, pero no dijo que era suya. Rashi por lo tanto fui a visitar diversas academias de Tora en muchas ciudades, y en todas partes plantó su patina de comentarios en secreto. La forma en que sus comentarios fueron recibidos hicieron a Rashi darse cuenta cuan necesarios eran, y continuó escribiendo sus comentarios. Finalmente fue descubierto plantando su comentarios de la forma habitual, y el secreto se terminó.

¿Qué tipo de información revela la narrativa de Rashi sobre la Creación? Por ejemplo, nos enseña que cuando el texto en el Génesis dice: *"es buen"*, lo que indica es que lo que se hizo fue completado hasta el punto de que era útil para los seres humanos y, por consiguiente, había logrado su objetivo.[12]

Ramban

Nahmánides, también conocido como El Rabino Moisés ben Nachman Girondi, Bonastrucça Porta, y por su acrónimo Ramban[13] (Gerona, 1194 EC–Tierra de Israel, 1270 EC), fue un destacado erudito medieval, Rabino, filósofo, médico, cabalista, y comentarista bíblico. Su comentario sobre los cinco libros de Moisés fue su último trabajo y el más conocido. Se le considera uno de los más grandes sabios de la mística judía, que se sabe han sido expertos en Cábala. El comentario de Ramban sobre la Torá se considera basado en conocimiento cabalístico, erudición cuidadosa y estudio original de la Biblia.

Ramban mostró gran talento a una edad muy temprana. Él era un estudiante brillante, y su erudición, piedad y carácter muy fino lo hizo famoso más allá de su propia comunidad. A los dieciséis años había dominado todo el Talmud con todos sus comentarios. Nahmanides también estudió medicina y filosofía. No deseando beneficiarse de la Tora, Ramban se convirtió en medico practicante en su ciudad natal. Sin embargo, al mismo tiempo, era el Rabino comunitario de Gerona, más tarde se convirtió en el Gran Rabino de toda la provincia de Cataluña, en España.

¿Qué tipo de información relativa a la historia de la Creación nos revela Ramban? Francamente, información sorprendente. Por ejemplo, su descripción de la evolución del universo tiene un asombroso parecido con las descripciones del Big Bang que se encuentran en los libros de física de hoy:

> En el brevísimo instante siguiente Creación todos la materia del universo estaba concentrada en un lugar muy pequeño, no más grande que un grano de mostaza. La materia en ese momento era muy delgada, tan intangible, que no tenía un contenido real. Tenía sin embargo, el potencial de ganar sustancia y formar materia tangible. De la concentración inicial de esta sustancia inmaterial en su minuto y ubicación, la sustancia se expandió, expandiendo el universo. Esta sustancia inicial no corpórea tomo los aspectos tangibles de la materia como la conocemos hoy. De este acto inicial de Creación, de esta etérea pseudo-sustancia, todo lo que ha existido, o que existirá, es, y será formada.[14]

Esto fue escrito hace 800 años.

Conversión de Tiempo—Trabajos Místicos

Las obras descritas hasta el momento (junto con unas cuantas más) se utilizaran en la elaboración de una precisa representación bíblica del tiempo de la Creación. Para la conversión de Tiempo de Creación en Tiempo Humano, las fuentes místicas Cabalísticas se requieren.

Cábala es la antigua tradición mística judía que enseña la profunda comprensión de la esencia de Dios, su interacción con el mundo, y el propósito de la Creación. La Cábala y sus enseñanzas—no menos que la Ley—son parte integral de la tradición oral. Se remontan a la revelación a Moisés en el Sinaí, y en algunos casos incluso antes (uno de los libros se dice que era de Adán). La Cábala enseña[15] que la ciencia informara a la espiritualidad, y la espiritualidad le informará a la ciencia en el momento que llegue la era Mesiánica. Cábala significa recepción, ya que no podemos percibir físicamente la Divinidad; meramente estudiamos las verdades místicas.

La principal obra Cabalística es el Zohar.[16] El trabajo es una revelación de Dios entregada a través de R. Shimon bar Yochai a la última selección de discípulos. Bajo la forma de un comentario sobre los cinco libros de Moisés, en parte escrita en Arameo y en parte en Hebreo, contiene una teosofía Cabalística completa que discute la naturaleza de Dios, la cosmogonía y la cosmología del universo, el alma, el pecado, la redención, bien, mal, y así sucesivamente.

El Zohar apareció por primera vez en España en el siglo 13 y fue publicado por Moisés de León. De León atribuye el trabajo a Shimon bar Yochai, un rabino del siglo segundo, quien, durante la persecución romana, se escondió en una cueva durante trece años a estudiar la Torá y fue divinamente inspirado para escribir el Zohar.

Hay muchas obras Cabalísticas, algunos más comunes que otras. Para convertir los tiempos dependemos principalmente de *Otzar ha-Tora HaChaim*, trabajo Cabalístico de Isaac ben Samuel de Acre.

Isaac ben Samuel de Acre

Isaac ben Samuel de Acre[17] (siglos 13 y 14) era un Cabalista que vivía en la Tierra de Israel. Se cree Isaac ben Samuel fue un alumno de Ramban. Isaac ben Samuel estaba en Acre cuando esa ciudad fue tomada por Al-Malik al-Ashraf, y fue arrojado a la prisión con muchos de sus correligionarios. Escapando de la masacre, en 1305 EC se trasladó a España. Este fue el momento en que Moisés de León descubrió el Zohar.

Según Azulai,[18] Isaac de Acre es frecuentemente citado por prominentes Cabalistas (p. ej., R. Hayyim Vital; Calabria, 1543 EC–Damasco, 1620 EC). Era un experto en redactar el sagrado nombre de Dios, por ese poder los ángeles que se vieron obligados a revelarle los grandes misterios. Escribió muchas obras Cabalísticas.

R. Isaac desarrollo una original metodología de la interpretación, que él designó como el "cuatro formas de NiSAN," siendo el acrónimo de Nistar (oculto), Sod (secreto), Emet (verdad), y Emet Nekhona (verdad). Las cuatro formas de NiSAN son utilizadas por R. Isaac sólo en sus obras posteriores, incluyendo *Otzar ha-Tora HaChaim*. Este trabajo fue recientemente traducido al Inglés por el Rabino Kaplan, se describe en sus propias palabras de la siguiente manera:[19]

> Sólo hay una copia completa de este manuscrito en el mundo, y está en la Colección Guenzberg en la Biblioteca Lenin de Moscú…. Esta es la forma que tuve en mis manos en este importante y raro manuscrito…. Tomó un tiempo para descifrar la escritura, ya que es una escritura muy antigua.

¿Qué fue lo que el Rabino Kaplan descubrió cuando tradujo el texto? Él encontró un método para convertir Tiempo de Creación en Tiempo Humano. El también descubrió que R. Isaac, en su obra *Otzar ha-Tora HaChaim*, fue el primero en entender que el universo tenia miles de millones de años de antigüedad—en un momento en el pensamiento que prevalecia era que el universo tenía solo miles de años de antigüedad. Isaac llegó a esta conclusión mediante la distinción entre "años solares" y "años divinos", descritos de ahora en adelante como Tiempo Humano y divino.

Pasando a través de los pasos ilustrados en la Figura 4.1, descubrimos el calendario de eventos de la Creación, aplicando el trabajo de R. Isaac, con algunas mejoras. Podemos entonces convertir el tiempo de estos eventos en Tiempo Humano.

En el siguiente capítulo se desarrolla el proceso de conversión en detalle.

---

[1]   Peah Yerushalami 6:2.

[2]   El Rabino Moshe Lieber, *La Ética de Nuestros Padres* (Nueva York, Mesorah Publications Ltd, 2003), Capítulo 1:1.

[3]   Talmud Babilónico, Sanedrín 38b.

[4]   Joseph Jacobs, S. Horovitz Midrah 2002, JewishEncyclopedia.com.

[5]   Marcus Jastrow, J. Theodor, Bereshit Rabba, 2002, Judía Encyclopedia.com.

[6]   Éxodo Midrash Rabbah 32:1.

[7]   Michael Friedlander, *Pirkê de Rabí Eliezer* [parte de la ley oral]. (Illinois: Varda Libros, 2004), Introducción.

[8]   Salomón Schechter y Wilhelm Bacher, Johanán b. Zakkai, 2002, JewishEncyclopedia.com.

[9]   Mishnah (Ab. ii.8).

[10]   Michael Friedlander, *Pirké de Rabí Eliezer* [parte de la ley oral]. (Illinois: Varda Libros, 2004), Capítulo 7.

[11]   Joseph Jacobs, Morris Liber, M. Seligsohn, Rashi, 2002, JewishEncyclopedia.com.

[12]   Comentario de *Rashi sobre Génesis* 1:4.

[13]   Nissan El estadounidense Allan Mindel, *Conversaciones y Relatos* (Nueva York: Merkos L'inyonei Chinuch, 2003).

[14]   Ramban en Génesis 1:1, Citado en Gerald Schroeder, *Génesis y El Big Bang: El Descubrimiento de la Armonía Entre la Ciencia Moderna y la Biblia* (Nueva York, Bantam Books, 1990), pág. 65.

[15]   Zohar I, 117a.

[16]   Joseph Jacobs, Isaac Broydé, Zohar, 2002, JewishEncyclopedia.com.

[17]   (i) Kaufmann Kohler, M. Seligsohn, Isaac ben Samuel de Acre, 2002, JewishEncyclopedia.com.

        (ii) El Rabino Aryeh Kaplan, *La Edad del Universo: La Torá Verdadera Perspectiva (*Rueven Meir Caplan, 2008).

[18]   Chaim Joseph David ben Isaac Zerachia Azulai (1724-21 1807 marzo) fue un erudito rabínico que fue pionero en la historia de escritos religiosos judíos.

[19]   El Rabino Aryeh Kaplan, *La Edad del Universo: La Torá Verdadera Perspectiva (*Rueven Meir Caplan, 2008).

Capítulo 5

Conversión de Tiempos

Te sacare de las cargas de Egipto... Te voy a redimir con bra-zo extendido y con grandes juicios.[1]

Con brazo extendido? ¿Es posible que Dios tenga un brazo tangible?

Una creencia fundamental de aquellos que aceptan las enseñanzas de la Biblia es que Dios no tiene un cuerpo material.[2] Sin embargo, la Biblia está llena de alusiones a Dios en términos humanos: su mano, su aliento, su brazo. Maimónides, un eminente filósofo judío y uno de los mayores especialistas en el estudio de la Torá en la Edad Media, incluye a Dios no teniendo un cuerpo material como uno de los trece principios de la fe[3] (en su comentario sobre la Mishnah). Explica además: "La Torá habla en el idioma de los hombres". ¿La Torá habla en analogías?

No lo hace.

Cada una de las palabras de la Torá es real y conlleva un profundo significado. ¿El brazo de Dios es realmente un brazo? Pero, ¿qué significa brazo de Dios? Simplemente no sabemos. ¿Podemos obtener una idea, sugerencia, o comprensión de lo que el brazo de Dios significa mirando a nuestro propio brazo como la analogía? De todas maneras.

La Torá es real—nuestro mundo es la analogía.

Para extender el razonamiento, ¿qué significa un día bíblico de la Creación? Un día de la tierra es el resultado de la tierra girando sobre su eje, lo que hace que el sol parezca elevarse, moverse a través del cielo, y lo hará de nuevo cada 24 horas. Para los astronautas a bordo de la estación espacial, un día

---

(desde el amanecer hasta el amanecer) es de aproximadamente 90 minutos. En el planeta Venus un día es como 243 días en la tierra—tan diferente de un día en la tierra, y aun así es llamado un día.

Sin embargo, "La Torá habla en el idioma de los hombres".

Un día de la Creación es una jornada extraordinaria, quizás 2500 millones de años de duración. Nuestro día de la tierra es, simplemente, una analogía para ayudarnos a comprender lo que se entiende por un día de Creación.

Un computador tiene un reloj interno que corre muy rápido. De hecho, cada seis meses o algo así, queremos comprar un computador nuevo debido en parte a que los nuevos tienen un reloj más rápido—1 GHz, 2 GHz…. Sin embargo, cuando nos fijamos en la pantalla del computador o cuando el equipo registra el tiempo de nuestros e-mails, utiliza un tiempo que entendemos, por lo tanto dependemos de dos relojes: uno para el funcionamiento interno del computador, y otro para comunicarse con nosotros.

Tiempo de Creación es usado por Dios para comunicarse con nosotros—algo a lo que podemos relacionarnos, comprender, recordar y explicar a los niños. Pero no es este el tiempo con que el universo opera.

Dios está por encima del tiempo; pasado, presente y futuro son todos uno para él.[4] Sin embargo, la acción de crear requiere que Dios contraiga su infinito y cree un reloj—un reloj divino para mantener el Tiempo Divino mediante el cual el universo opera.

Aquí en la tierra, en medio de Creación física, hay otro reloj—uno para el mantenimiento del Tiempo Humano—como el medido por el latido de nuestro corazón, la sombra del sol, la oscilación de un péndulo.

Por lo tanto, ahora podemos comprender las diferencias entre tres diferentes mediciones de tiempo:

1. Tiempo de Creación es usado por Dios para comunicarse con nosotros, con su significado oculto por el lenguaje humano en que se expresa, o días de Creación.

2. Tiempo Divino es el tiempo real mediante el cual el universo opera.

3. Tiempo Humano es el tiempo medido por los relojes la tierra.

Hoy en día, la única medida de la que dependemos es Tiempo Humano. Observamos el universo y registramos las observaciones utilizando nuestros relojes. Sin embargo antes de que Adán pecara, cuando Dios estaba observando los acontecimientos, él utilizó Tiempo Divino—Un reloj especial solo para este fin. Sin embargo, Él nos contó la historia de la Creación "en el lenguaje de los hombres" mediante las palabras días de Creación (es decir, en Tiempo de Creación).

Este capítulo describe los tres tipos de tiempo (Creación, Divino y Humano) y explora los tiempos de cada uno de ellos para mostrarnos cómo podemos convertir de un tipo de tiempo a otro. El resto del libro utilizará los factores de conversión obtenidos en el presente capítulo para convertir la narrativa del Tiempo de Creación del Génesis en Tiempo Humano (medido por los científicos), lo que nos permitirá comparar el relato de la Creación de las teorías científicas y sus observaciones.

SECCIÓN 1—TIEMPO DE CREACIÓN

"La Torá habla en el idioma de los hombres."

En esta sección primero se analizará el significado de "idioma de los hombres" términos y conceptos claves para que podamos entender la línea descritas en los tres primeros capítulos del Génesis.

Vemos entonces el Día 6 para comprender la Creación. El foco de esta sección es sobre la estructura general de la Creación y los detalles de la hora a hora de los eventos del Día 6, que se refieren al hombre.

El resto de la línea de tiempo de la Creación, incluye más detalles para el Día 6 y los días 1 a 5, será desarrollado en los capítulos siguientes cuando se haga una comparación de los tiempos dados por la ciencia para los mismos hechos.

Conceptos Claves

Creación (Dios creó) vs. Formación (Dios Dice Que, o Separado, o Traiga o...)

No todos los así llamados actos de Creación son iguales.

Génesis utiliza dos palabras distintivas para describir las acciones de Dios en el relato del Génesis: la Creación y la formación. Creación es el acto divino de hacer algo de la nada (como un mago parece sacar un pañuelo de la nada). Formación se refiere a algo que ya existe y lo convierte en algo más (por ejemplo, construir una tabla de la madera).

Sólo hay tres actos mencionados en la Creación en Génesis: (1) la Creación del material inicial del universo en el inicio del primer día, (2) la Creación de las criaturas marinas en el Día 5, y (3) la Creación de la parte espiritual de la humanidad, es decir, la disposición de un alma piadosa (el cuerpo que se forma de polvo). Todo lo demás descrito en el relato de la Creación es un acto de formación.

Un Proceso de Dos Pasos [5]

Creaciones y formaciones importantes se llevan a cabo en dos operaciones.

La primera operación, a fin de presentar o a dotar, significa investir algo con una capacidad.

La segunda es la formación (o Creación) de una entidad física. Por ejemplo, en el caso de las plantas, la tierra es investida con el poder de hacer crecer, dar vida a, todas las semillas sembradas. La segunda operación es formar la vegetación física real. La tierra entonces capaz de hacer crecer vegetación en su superficie.

En el Día 3, el texto dice, *"Que la tierra haga crecer vegetación …"*[6] es decir, *"que se dote con el poder de brotar hierba."*[7]

En el Día 6 el texto dice, *"y toda la hierba del campo no había germinado aun, porque Dios no envió lluvia sobre la tierra y no había ningún hombre que la trabajare"*[8] es decir, es evidente que no hay vegetación hasta el Día 6—cuando, y sólo entonces, después de que el hombre se haya completado, no aparecen físicamente en la tierra.[9]

El mismo proceso puede ser visto con respecto a otras creaciones, por ejemplo, los animales. Más aun, en algunos casos hay un tercer paso. El tercer paso se produce cuando lo que se ha formado o creado se le dice que se replique a sí mismo, es decir, a *"sed fecundos y multiplicaos"*. Es después de este mandato que uno espera encontrar evidencia de fósiles de lo que se ha formado o creado.

La Jornada de Trabajo

El día en el texto del Génesis se describe como un período de 24 horas desde la tarde y hasta la puesta del sol. Aprendemos de los detalles del Día 6 (descrito en el Talmud[10], cuyo texto se reproduce a continuación en la sección escala de Creación) que Dios trabaja en hacer los elementos físicos por un período de 12 horas. Por otra parte, ya que el trabajo para el Día 6 es terminado en la puesta del sol, tiene que trabajar las segundas 12 horas del día, es decir, las horas del día.

Por extensión deducimos que la labor principal en los días 1 a 5 también se lleva a cabo en el segundo período de 12 horas del día. Esta hipótesis se ve reforzada por el concepto general de que Dios sigue su propia Torah, donde las leyes laborales especifican que la norma es el de trabajar durante los 12 horas del día (a pesar de que los trabajos por la noche están autorizados). El Talmud proporciona las reglas de empleo de los trabajadores, cuando ningún otro acuerdo se ha realizado; los trabajadores deben salir de la casa al amanecer, ir a trabajar, trabajar hasta la puesta del sol, y volver a su tiempo después de la puesta del sol.[11]

También aprendemos del texto del Talmud para el Día 6, que todo lo que aparece como el primer acto del día sucede exactamente en el comienzo de la jornada de trabajo de—amanecer, y lo último de lo que tenemos que discutir es al final del día—noche.

Atributos Divinos

Sefirá (plural: sefirot)[12] es un canal de energía divina o fuerza de vida. Un concepto fundamental de la Cábala es que en el proceso de Creación, una etapa intermedia procedía de la infinita luz de Dios para crear lo que percibimos como existencia humana. Estos canales de etapa intermedia se denominan indistintamente las Diez Sefirot, Diez Emanaciones Divinas, o Diez Poderes Divinos.

En el siguiente siglo XVI un esquema trascendente Cabalístico de Rabino Isaac Luria (por lo tanto, el Cábala Lurianico), las sefirot son categorizadas como se muestra en el Tabla 5.1 a continuación.

Tabla 5.1 Las Diez Sefirot

Categoría	Sefirá
Intelecto Consciente	1 Sabiduría
	2 Comprensión
	3 Conocimiento
Emociones conscientes	(Emociones primarias)
	4 Benevolencia
	5 Severidad/Justicia
	6 Belleza
	(Emociones secundarias)
	7 Eternidad
	8 Gloria
	9 Fundación
	(Recipiente para la acción)
	10 Monarquía

Es a través de las diez sefirot que Dios interactúa con la Creación; por lo tanto, pueden ser considerados Sus atributos. El patrón de sefirot existe en muchos niveles. Cada objeto y proceso en el mundo funciona a través de las diez sefirot. Por lo tanto, las diez sefirot son evidentes en toda la realidad: desde los diez dedos hasta las diez partes del alma, a todos los demás aspectos de la Creación física.

En particular, las sefirot se refieren a los elementos químicos y las clasificaciones de la biología de la vida. Haremos uso de esta relación más tarde para comprender aspectos claves de la narración de la Creación. Las dos sefirot que necesitaremos para este fin son Sabiduría y Bondad.

En el alma, la sabiduría está asociada al poder de visión intuitiva, que parpadea, relampaguea, a través de vez de la conciencia en ocasiones. Sabiduría también implica la capacidad de mirar profundamente aspectos de la realidad conceptual y abstracta en su esencia para descubrir su verdad subyacente. La sabiduría es considerada la principal fuerza en el proceso creativo del universo, como se dice: *"Hiciste todas ellas con sabiduría."*[13] Las primeras palabras del Génesis, *"En el comienzo de la Creación de Dios de los cielos y la tierra..."* se traduce en arameo como *"Con sabiduría [Dios creó...]"*.

La sefirá de la bondad es la primera de las emociones en los atributos de las sefirot. Es el deseo de dar sin ningún tipo de limitación. Bondad es también conocido como misericordia. Rashi[14] examina el texto hebreo a partir de Génesis 2.4[15] y explica que los habitantes de la tierra fueron creados con el atributo divino de la misericordia. Explica la Cábala que la bondad es, en realidad, el motivo de la Creación. Dado que la naturaleza de Dios es absolutamente benevolencia y bondadosa, El creo la vida a fin de otorgar su bondad.[16]

Adán versus La Humanidad

Adán, conocido como el primer hombre creado, está representado por la mayoría como un hombre como otros hoy. Sin embargo, este no es el caso. Adán era nada como nosotros física o espiritualmente. Sólo después del pecado fue disminuido notablemente y por ello se convirtió en algo más cerca de lo que nos imaginamos; antes de que el pecado él era sustancialmente diferente.

El Talmud proporciona las descripciones físicas de Adán que incluyen un ser cósmico: *"Adán extendido de la tierra al firmamento... de un extremo a otro de la tierra,"*[17] un cuerpo hecho de luz y una mente que podría comprender el universo.[18]

Adán habría sido eterno si no hubiese cometido el pecado de la desobediencia. El Midrash nos enseña que Adán fue tan diferente de nosotros hoy en día que los ángeles pensaron que era un dios: *"Cuando fue creado Los Ángeles errando (pensaron que era un ser divino) y desearon cantar 'Santo' en frente de él."*[19]

Como se veremos más abajo, en la tabla de la línea de tiempo de la Creación, muestra que Adán (y Eva) estuvieron vivos por mucho del Día 6 (cientos de millones de años atrás). Sin embargo, esto no significa que hubo un ser humano, tal como lo conocemos hoy, vivo en ese momento. La humanidad como la conocemos, llegó mucho más tarde, en torno a la hora del pecado (hace miles de años atrás). El lenguaje empleado en este libro desde este punto en adelante utiliza el término Adán y el hombre indistintamente (que representa un ser especial). La humanidad es el término utilizado para denotar nuestra especie.

Cronograma de Tiempo de la Creación

El cronograma está compuesto por los seis días de la Creación, cada uno dividido en 24 horas, con (como ya hemos visto más arriba) la obra de Dios llevándose a cabo en el segundo período de 12 horas de cada día. Este período de seis días es seguido por 6.000 años de historia, seguido por los 1.000 años del séptimo milenio[20], completando así el calendario bíblico completo. Para ilustrar el calendario, examinamos el Día 6.

Adán (y la humanidad que descendieron de él) es la Creación más importante—todo está hecho para él y para su especie. Por lo tanto, el Talmud da una cuenta detallada del hombre y sus acciones durante el Día 6, hora por hora.

El día estaba compuesto por doce horas. En esta primera hora, su [Adán] polvo fue reunido; en la segunda, se amasó en una masa sin forma. En la tercera, sus piernas fueron conformadas; en la cuarta, un alma fue insuflada en él; en la quinta, se levantó y se paró en los pies; en la sexta, le dio [a los animales] sus nombres; en la séptima, Eva se convirtió en su pareja, en la octava, subieron a la cama como dos y descendieron cuatro [es decir, Caín y Abel nacieron] *;en la novena, se le* *ordenó no comer del árbol, en lq décima, pecó; en la undécima, fue juzgado y en la duodécima fue expulsado [del Edén] y se marcharon porque está escrito, el hombre obedeció aunque sin honor.*[21]

La Figura 5.1 muestra el Día 6, que indica que hay un período de 12 horas de oscuridad (sombreada) seguido de doce horas de luz de día. Los números significan la hora del día: 1 es la primera hora (generalmente, de 6 a.m. a 7 a.m.).

Los detalles de otros días de Creación serán examinados en los capítulos posteriores.

Tiempo de Creación	Día 6 (horas)	Eventos de Creación
12		
1		El polvo fue reunido
2		El polvo es amasado en una masa amorfa; Formación de la vida compleja comienza
3		Se forman las extremidades de Adán
4		Alma es insuflada en Adán
5		Adán se levanta, y esta sobre sus pies
6		Adán nombró a los animales
7		Eva es creada
8		Nacen Caín y Abel. Se planta el Jardín después de que el hombre ha sido creado
9		Adán y Eva son ordenados no comer del Arbol
10		Adán y Eva pecaron
11		Adán y Eva fueron juzgados
12		Adán y Eva fueron expulsados del Jardín del Edén

Figura 5.1 Tiempo de Creación—Día 6

SECCIÓN 2—TIEMPO DIVINO

Tiempo Divino es el reloj fundamental del trabajo interior del universo.

Tiempo Divino se explica con detalle en el Anexo B, donde se muestra que una Creación Día es equivalente a 7.000 años divinos.

SECCIÓN 3—TIEMPO HUMANO

Tiempo Humano se mide con relojes e instrumentos. En esta sección se explora su relación con el Tiempo Divino y el Tiempo de Creación.

La Escala de Tiempo Humana

¿Qué tiempo miden los seres humanos para sondear el cosmos con los telescopios espaciales o la data de los registros fósiles?

Cuando Dios es considerado el observador consciente, necesariamente debemos convertir el Tiempo Divino al tiempo como los experimentamos los seres humanos (Tiempo Humano). El factor de conversión nos es entregado a nosotros en los Salmos según se interpreta en el Talmud: un día divino son 1.000 años del Tiempo Humano.[22] Como se muestra en el Tabla 5.2, dado que un año calendario son 365,25 días (un año bisiesto con un día extra cada cuatro años, pues en promedio cada año es de 365 y un cuarto de día), entonces un año divino año equivale a 365,250 años de Tiempo Humano.

Por lo tanto, con el fin de obtener Tiempo Humano de Tiempo Divino, multiplicamos el divino por 365,250. Tiempo de Creación se convierte a Tiempo Humano multiplicándolo por 7,000 (conversión de Tiempo de Creación a Tiempo Divino) y, de nuevo por 365,250 (conversión de Tiempo Divino en Tiempo Humano). Un día de Creación es entonces igual a

2,56 BY (véase el Tabla 5.2). La fórmula de conversión es muy sencilla:

1 Día de Creación = 7000 x 1000 x 365,25 = 2,56 billón de años

Una vez que el hombre se convierte en el observador consciente, el factor de conversión se convierte en uno, por ejemplo, un año es un año, y una hora es una hora.

Tabla 5.2 Tiempo Humano vs. Tiempo de Creación

Año	365,25 días	
Día Divino	1.000 Años de Tiempo Humano	
Año Divino	365.250 Años de Tiempo Humano	= 356,25 x 1000
Día de Creación	7.000 Años Divinos	
Día de Creación	2,56 billones de años de Tiempo Humano	= 365.250 x 7000
Hora de Creación	106,53 Millones de años de Tiempo Humano	= 2,56 BY ÷ 24
Segundo de Creación	29.592 Años de Tiempo Humano	= 106,53 MY ÷ 3600
Día de Creación	$0,934 \times 10^{12}$ días de Tiempo Humano	= 2,56 BY x 365,25

Históricamente, los autores[23] han aplicado un factor de conversión de Tiempo de Creación a Tiempo Humano a los ciclos previos a Adán. Aquí no se puede aplicar el factor de conversión directamente a los ciclos de 7.000 años en cada uno de los seis días de Creación por dos razones: (1) el tiempo de inicio de la Creación física no es el comienzo del Día 1, y (2) el punto en el tiempo cuando Dios deja de ser el observador consciente no tiene lugar al final del Día 6. Esta sección explora las horas de inicio y finalización de la conversión de Tiempo de Creación a Tiempo Humano.

La Hora de Inicio

Claramente, Dios es el observador consciente cuando comienza la Creación del universo. Sin embargo, la Creación física comienza en el amanecer del Día 1, o 12 horas dentro en el día (consulte la sección titulada *La Jornada* en conceptos clave más arriba). Antes de esa hora, nada físico existía. Ahora cuando miramos en nuestros telescopios y desarrollamos la teoría del Big Bang, se extrapola hacia atrás en el tiempo hasta el punto justo antes de que la densidad del universo tiende a infinito, y su tamaño en cero. Esto *"en el principio..."* se produce precisamente en 12 horas dentro del Día 1. Entonces, cuando convertimos Tiempo de Creación en el Tiempo Humano, empezamos con la primera hora de luz del día, o en Tiempo Divino, el año 3.500 (7.000 años por día).

Eventos de Creación	El Trabajo de Creación comienza; sustancia básica del universo				Recopilación de materiales Para sistema solar	
Tiempo de Creación	Día 1		Día 2		Día 3	
	12	12	12	12	12	12
Tiempo Divino (Miles de años)	3500	7000	10500	14000	17500	21000
Tiempo Humano (Inicios BY)	0,0	1,28	2,56	3,84	5,11	6,39

Figura 5.2 Los Tres Primeros Días de la Creación

La Figura 5.2 muestra la Creación, la divina, y los plazos humanos para los tres primeros días. Aquí los días se muestran como dos períodos de 12-horas (a las 12 horas de la noche sombreado). Tiempo Humano comienza en cero a mitad del Día 1 y progresa a aproximadamente 1,28 BY por cada 12 horas de período de tiempo de Creación.

La Hora de Finalización

La conversión de Tiempo de Creación en el Tiempo Humano termina cuando el hombre es el observador consciente.

¿Cuándo se convierte el hombre en el observador consciente? ¿Es al final del Día 6, o cuando el hombre es creado, o en algún otro tiempo?

Trabajo previo[24] ha asumido que se produce cuando Adán es creado. Cuando el hombre se crea por primera vez, claramente, es uno con su Creador. De hecho, él todavía está compuesto de hombre y mujer, de acuerdo con el Midrash.[25] Una vez que es juzgado y expulsado del jardín del Edén, es claramente un observador separado consciente de su mundo.

La transición se produce cuando Adán peca. Es en este punto en que Adán se separa de su Creador y hace una elección moral por cuenta propia. El texto bíblico es claro en este punto:[26] "*El hombre ha llegado a ser como un ser único entre nosotros, conociendo el bien y el mal...*" Rashi explica: "único entre nosotros significando que se ha convertido en único entre los terrestres, así como Dios es el único de los cuerpos celestes."

En el Talmud se nos dice que Adán pecó durante la hora 10 del día.[27] Sin embargo, Midrash Rabbah[28] deja claro que Adán y Eva tuvieron que esperar tan sólo tres horas para heredar la bendición del Edén por todos los tiempos; el pecado tuvo lugar al comienzo de la décima hora.

Después de la décima hora, el tiempo es como el que estamos viviendo ahora, y menos de 6.000 años han pasado.

Ahora estamos listos para la convertir Tiempo de Creación en Tiempo Humano y revelar lo que el Génesis dice acerca de los plazos para la formación del universo y para el desarrollo de la vida humana en la tierra.

---

[1]   Éxodo 6:6.

[2]   Desde la traducción del texto completo de las trece bases de creencia Judía compilado por El Rabino Moshe Ben Maimon, tercera Fundación.

[3]   Ibíd.

[4]   H. Alces, *En Un Principio: La Biblia No Autorizados* (California: *Treinta y Siete Libros*, 2001), págs. 96-97.

[5]   H. Alces, *En Un Principio: La Biblia No Autorizados* (California: *Treinta y Siete Libros*, 2001), págs. 96-97.

[6]   Génesis 1:11.

[7]   H. Alces, *En Un Principio: La Biblia No Autorizados* (California: *Treinta y Siete Libros*, 2001), págs. 96-97. Para una más completa explicación de lo que poder crecer hierba, consulte el Capítulo 8, las plantas terrestres.

[8]   Génesis 2:5.

[9]   H. Alces, *En Un Principio: La Biblia No Autorizados* (California: *Treinta y Siete Libros*, 2001), pág. 159.

[10]   Talmud Babilónico, Sanedrín 38b.

[11]   Talmud Babilónico, Baba-Mezi, los capítulos 6 y 7.

[12]   Y David Schulman, *Las Sefirot: Diez Emanaciones del Poder Divino* (Londres: Jason Aronson Inc., 1996), Introducción.

[13]   Salmo 104:24.

[14]   Rashi sobre Génesis 2:4.

[15]   Génesis Día 6 es donde se dan más detalles. Véase el Anexo A, empezando con Génesis 2:4. El texto ya no se refiere a Dios; en cambio, se refiere a Dios, el Señor, en la KJV traducción.

[16]   Esto se deriva de los Salmos 89:3.

[17]   Talmud Babilónico, Chagigah 12a.

[18] Howard Schwartz, *Árbol de Las Almas: La Mitología del Judaísmo* (Oxford University Press, 2004), pág. 130.

[19] Midrash, Rabí Meir Zlotowitz, Bereishis, Génesis / *Una Nueva Traducción de un Comentario Talmúdico de Anthologized Midrashic y Fuentes Rabínicas* (Nueva York: Mesorah Publications Ltd., 1977), pág. 13.

[20] Zohar VaYera 119a, Ramban en Génesis 2:3 mantener que los siete días de la creación corresponden a las siete milenios de la existencia natural de creación. La tradición nos enseña que el séptimo día de la semana, Shabat o día de descanso, corresponde al Gran Shabat, el séptimo milenio (años 6.000 a 7.000), la edad de universal.

[21] Talmud Babilónico, Sanedrín 38b.

[22] *"Mil años en tu presencia son un ayer que pasó"* (Salmo 90:4), tal como la interpreta en el Talmud Babilónico, Sanedrín 97a y 97b.

[23] (i) Avi Rabinowitz y Herman Branover, "El Papel del Observador en Halakhah y Ta Física Cuántica", H. Branover y I. Attia. eds. (Northvale, NJ: *Ciencia a la Luz de La Torá: A B'or Ha'Torá Reader,* 1994).

(ii) El Rabino Aryeh Kaplan, *La Edad del Universo: La Torá Verdadera Perspectiva* (Rueven Meir Caplan, 2008).

(iii) Alexander Poltorak, "De la Edad del Universo", BOr HaTorá Vol. 13, ed. del Prof. Herman Branover (Israel, SHAMIR, 1999).

[24] Ibíd. (iv) Alexander Poltorak, "La Edad del Universo con el Many-Worlds Interpretación", BOr HaTorá Vol. 18, ed. del Prof. Herman Branover (Israel, SHAMIR, 2008).

[25] Midrash, Rabí Meir Zlotowitz, Bereishis, Génesis / *Una Nueva Traducción de un Comentario de Anthologized Rabínica y Talmúdica Midrashic Fuentes* (New York: Mesorah Publications Ltd., 1977), p. 72 de Génesis 1:27.

[26] Génesis 3:22 y comentario.

[27] Talmud Babilónico, Sanedrín 38b.

[28] Éxodo Midrash Rabbah 32:1.

Capítulo 6

La Edad del Universo

Por lo tanto, ¿qué edad tiene el universo?

A pesar de que han habido intentos por encontrar un paralelo entre el 13,7 BY por estimación científica y los 6.000 años por interpretación bíblica literal, no ha habido ningún cálculo preciso basado en la Biblia que conduzca a exactamente la misma respuesta a la producida por los científicos.

¿Cuánto tiempo ha transcurrido desde el Génesis *"en el principio..."* o en términos científicos, desde el Big Bang hasta ahora?

Cuando se trata del universo tenemos dos períodos distintos al contar el tiempo, que, como ya se ha explicado en el Capítulo 5, se registran por diferentes observadores. Mientras Dios es el observador consiente, el tiempo es contado en "tiempo de Creación". Cuando la humanidad se hace cargo y es el observador consiente, el tiempo es contado en "Tiempo Humano".

El Capítulo 5 explica que el universo comienza con la salida del sol del Día 1, o 12 horas dentro del día (recuerde, el día bíblico comienza en al anochecer, en la noche). El desarrollo del universo continúa siendo Dios el observador consciente a través de los Días 2, 3, 4, 5 y hasta tres horas antes del final del Día 6 (es decir, hasta el momento del pecado de Adán). Por lo tanto, el tiempo total de Dios como observador consciente es de 5.375 días de Creación (1/2 del Día 1, días completos el 2, 3, 4, y 5, y 21/24 de un día en el Día 6).

Tarde en el Día 6 la humanidad se convierte en el observador consciente y el que computa el tiempo. Un total de 5.775 años (desde el 2015) han transcurrido desde aquel momento. La edad del universo es, por tanto, 5.375 días de Creación más 5.775 años humanos.

En el Capítulo 5 se deriva el factor de conversión de Tiempo de Creación (en días) en el Tiempo Humano (en años). Cada día de Creación divina se convierte a 7.000 años y cada año divino humano se convierte a 365.250 años. Multiplicar el período 5.375 Creación Día por 7.000 y por 365.250 produce un total de 13.743.000.000 (o 13,743 BY) en Tiempo Humano. Agregamos ahora 5.775 años, un tiempo insignificante en comparación a los miles de millones de años, para obtener la edad del universo.

Así pues, según el Génesis, el universo tiene 13,743 billones de años de edad.

Cuan viejo dicen los científicos que es el universo?

Hemos llegado a la conclusión en el Capítulo 3 que una vez que los parámetros que definen las propiedades del universo (es decir, la cosmológica) son establecidas, la teoría del Big Bang produce una información precisa y detallada de la cronología en el desarrollo del universo. En particular, la teoría puede utilizarse para calcular cuánto tiempo ha transcurrido desde el inicio hasta ahora—la edad del universo. Para determinar los parámetros cosmológicos y fundamentalmente el mejor montaje del set de parámetros, muchos datos científicos sobre nuestro universo debe ser obtenidos.

En los últimos años, dos increíbles instrumentos han permitido mirar profundamente en el universo y en la historia de los orígenes del universo. Estos instrumentos son el Wilkinson Microwave Anisotropy Probe (WMAP) y el Telescopio Espacial Hubble (HST).

El WMAP es un satélite de la NASA que orbita la tierra y mide diferencias en la temperatura de la radiación que quedó en una etapa temprana en el desarrollo del universo— Radiación Cósmica de Fondo de Microondas. El WMAP se inició en el año 2001, y recientemente ha completado su misión, produciendo algunos de los más actualizados y precisos parámetros cosmológicos para calibrar la teoría del Big Bang.

El HST, es también un satélite de la NASA. Lleva un gran telescopio óptico por encima de la atmósfera de la tierra (que distorsiona las imágenes obtenidas por los telescopios terrestres), lo que permite una profunda y clara vista del cosmos. Lanzado en 1990, el dispositivo ha producido innumerables imágenes que van desde nuestro sistema solar hasta el borde del universo observable. Desde hace poco, también se ha utilizado para determinar ciertos parámetros cosmológicos.

Después de muchos años de observación y cosmológica instrumento análisis de datos, ¿qué edad del universo se ha determinado?

Según los científicos, el universo tiene 13,75 ± 0,13 billones de años[1] de edad.

En notación científica el símbolo ± indica que el número que aparece a la izquierda puede ser mayor o menor en función del número a la derecha del signo. Por lo tanto, 13,75 ± 0,13 significa un número en el rango de 13,62 a 13,88 .

Cálculos Previos de la Edad del Universo

El Rabino Kaplan[2] calcula la edad del universo a ser 15.340.500.000 años, basada en seis ciclos cósmicos que ocurren antes que Adán. Desde entonces, otros han rectificado este cálculo, y elaborado en más detalle en el punto de vista de la física;[3] sin embargo, se han seguido utilizando seis ciclos completos antes y, por tanto, obtener una edad del universo de más de 15 BY de años.

El Dr. Gerald Schroeder[4] utiliza un método diferente. En vez de indagar en las escrituras por un factor de conversión de Tiempo de Creación a Tiempo Humano, indaga en la ciencia para obtener el factor de conversión. Razona que, desde que el universo está en expansión, los eventos en el pasado que estaban separados por un día ahora están separados por un período mucho más largo. Él usa un factor derivado de la ciencia basada en el tramo del universo, desde cuando la materia formó por primera vez hasta el día de hoy de 1 millón de millones (1 seguido de 12 ceros, o en notación científica, 1×10^{12}) para obtener una edad del universo de unos 15 BY. Su factor de conversión convierte Tiempo de Creación en días a días en Tiempo Humano, en lugar de nuestro factor, que convierte Tiempo Humano en años. Expresado al igual que el factor de conversión del Dr. Schroeder, el factor que derivamos en el Capítulo 5 (véase el Tabla 5.2) es $0,934 \times 10^{12}$. Este factor es increíblemente parecido al factor derivado de la ciencia por el Dr. Schroeder de 1×10^{12}. Sin embargo, el Dr. Schroeder aplica el factor de conversión sin refinación, es decir sin tomar en cuenta los tiempos de inicio y termino de cuando Dios es el observador consiente.

Para calcular el tiempo de cada día, el Dr. Schroeder señala que su factor de conversión va cambiando a medida que el universo se expande, lo que significa que cada día representa una cantidad diferente de tiempo en Tiempo Humano.

Ya que la Biblia habla en términos humanos, el Génesis debe utilizar una constante de conversión fácil de entender en lugar de una variable. Por lo tanto, debe haber un factor de conversión universal invariante, y como tal, cada día de Creación es exactamente el mismo período de tiempo, alrededor de 2,5 BY.

Dados estos cálculos, y a pesar de la percepción de que siguen existiendo diferencias irresolubles entre la ciencia y la Biblia, una cantidad sorprendente de acuerdo comienza a surgir en lo referente a la edad de nuestro universo.

[1]   (i) Resultados de la Wilkinson Microwave Anisotropy Probe (WMAP) lanzado en 2001, establece la edad del universo en 13,75 mil millones de años, más o menos 130 millones de años.

(ii) para un mandato de cinco años ver resultados revisados por pares: Gary F. Hinshaw, et al., "Five-Year Sonda de Anisotropía de Microondas Wilkinson Observaciones: Procesamiento de Datos, Mapas Celestes y Resultados Básicos," *La Revista Astrophysical Journal Suplemento* 180/2 2009 Febrero), págs. 225-245.

(iii) en el caso de resultados más recientes aún no revisados ver: N. Jarosik et al., "Para Wilkinson Microwave Anisotropy Probe (WMAP) Observaciones: Mapas del Cielo, Errores Sistemáticos y Resultados Básicos", *astro-ph (*26 2010 enero), arXiv:1001,4744 .

(iv) para conocer los últimos resultados en función del telescopio espacial Hubble ver S. H. Suyu et al., "Separando la Lente Gravitacional B1608+656. II. Las Mediciones de Precisión de la Constante de Hubble, Curvatura Espacial y la Energía Oscura Ecuación de Estado", *La Revista Astrophysical Journal* 711 (1) (2010), p.201.

[2]   El Rabino Aryeh Kaplan, *La Edad del Universo: La Torá Verdadera Perspectiva (*Rueven Meir Caplan, 2008).

[3]   (i) Alexander Poltorak, "De la Edad del Universo", BOr HaTorá Vol. 13, ed. del Prof. Herman Branover (Israel, SHAMIR, 1999). El Dr. Poltorak realiza el cálculo suponiendo dos semi-sao. Su primer período es un período protophysical, y la segunda, una vez que el hombre se convierte en el observador consciente y se derrumba la función de onda, es un ejercicio físico. Este autor considera que el primer período a ser física, como ocurre durante los primeros seis días de la creación

mientras que Dios es el observador consciente. Cuando el hombre llega, él toma el papel de observador consciente y determina lo que ocurre en la tierra a partir de entonces (según su reloj). Dios oculta y le permite al hombre ejercer su libre voluntad.

(ii) Alexander Poltorak, "La Edad del Universo con el Many-Worlds Interpretación", BOr HaTorá Vol. 18, ed. del Prof. Herman Salvado (Israel: SHAMIR, 2008).

[4] Gerald L. Schroeder, *La Ciencia de Dios: La Convergencia de Ciencia y Sabiduría Bíblica* (Nueva York: Broadway Books, 1997), Capítulos 3 y 4.

Capítulo 7

Cosmología

Cosmología considera las preguntas de la forma en que el universo comenzó y se ha desarrollado.

Estas preguntas datan de la edad de la antigua Creación, así como el folclore y la mitología. En particular, para los seguidores de las dos principales religiones del mundo, las preguntas sobre nuestros orígenes se remontan a la narración de la Creación de Génesis. Por miles de años, el relato bíblico era indiscutible. Pero, como se discutió en el Capítulo 2, más recientemente se ha puesto en duda y rechazado en gran medida por aquellos en el campo de las ciencias. Sin embargo, un estudio más detallado del Génesis ofrece interesantes puntos de vista que ayudan a responder a las preguntas sobre nuestros orígenes.

Como se señala en los capítulos anteriores, la cosmología en el Génesis se explayó y detallo en la Ley Oral; también ha sido desarrollado en comentarios de la Torá y comentarios Cabalísticos de cientos de años, hasta el punto que un calendario claro de los eventos puede ser comprobados.

La primeros astrónomos babilónicos introdujeron la cosmología científica hace unos 4.000 años, cuando fueron capaces de predecir los movimientos de la luna, los planetas y el sol. Los griegos, en el siglo IV AEC, fueron los primeros en construir modelos para interpretar estos movimientos. Hoy en día, como se explica en el Capítulo 3, la teoría del Big Bang es un cronograma detallado de los eventos que ocurrieron durante el desarrollo del universo.

¿El Génesis y la ciencia describen el mismo proceso subyacente de cómo el universo fue desarrollado? ¿Describen el mismo desarrollo de estos eventos? ¿Y el cronometraje de estos acontecimientos corresponden?

El Universo en Expansión

El universo se ha expandido de un tamaño infinitesimal en el principio de los tiempos a su incomprensible tamaño de hoy. El reconocimiento científico de un universo en expansión es reciente. A pesar de que la expansión del universo puede ser derivada de la Teoría General de la Relatividad de Einstein, el mismo pensaba en un principio, que el universo era estático, no se expandía ni se contraía.

En los comentarios de la Torá, la idea de un universo en expansión es de al menos 800 años de antigüedad. El renombrado erudito de la Torá Ramban describe claramente la expansión del universo en su comentario sobre el Génesis. A continuación proveemos la descripción de hace ocho siglos, así como una reciente cuenta de *National Geographic* del desarrollo del universo. ¿Puede usted ver alguna diferencia significativa entre los dos?

En el brevísimo instante siguiente Creación toda la materia del universo estaba concentrada en un lugar muy pequeño, no más grande que un grano de mostaza. La materia en ese momento era muy delgada, tan intangible, que no tenía substancia real. Aunque sin embargo si tenía, el potencial de adquirir sustancia y forma para ser materia tangible. De la concentración inicial de esta sustancia inmaterial en su minuto de ubicación, el contenido la sustancia se expande, expandiendo al universo como lo hizo. A medida que la expansión avanzaba, un cambio en la delgada sustancia ocurrió. Esta delgada sustancia incorpórea tomo el aspecto de materia que conocemos hoy. De este acto de Creación inicial, de esta etérea y delgada pseudosubstancia, todo lo que ha existido o existirá, es, era y será formado.[1]

Antes del Big Bang, toda la inmensidad del universo observable, incluida toda su materia y radiación, fue comprimida en una caliente y densa materia de unos pocos milímetros de diámetro. Este estado casi incomprensible se teorizó que existió por sólo una fracción del primer segundo de tiempo...una gran explosión permitió que toda la materia y energía—incluso el tiempo y espacio—de brotar... después del Big Bang, el universo se expandía con velocidad incomprensible desde este pequeño guijarro hasta el tamaño astronómico alcanzado. La expansión aparentemente ha continuado, pero mucho más lentamente, sobre los consiguientes billones de años.[2]

Por lo tanto, la Torá y la ciencia parecen describir un proceso similar mediante el cual se desarrolla el universo, es decir, se expande. Sin embargo, ¿qué nos puede decir sobre los acontecimientos más importantes en el desarrollo del universo y su distribución? ¿Hay acuerdo para estos también?

Los Acontecimientos de los Días 1 al 4

El relato del Libro del Génesis de los primeros cuatro días es a la vez breve y abstracto. No obstante, con la ayuda de las fuentes bíblicas, es posible conocer la fecha y los acontecimientos más importantes en la formación del universo. Luego estos se pueden comparar con las predicciones del Big Bang.

Día 1

En el Día 1 las primeras palabras del Génesis 1:1 presenta los orígenes del universo: *"En el comienzo de la Creación por Dios de los cielos y la tierra..."*[3] que nos dice que en un primer momento, Dios creó *de la nada* la sustancia básica con la que más tarde moldeo el universo.

Este primer paso, como con otras creaciones, es parte de un proceso de dos pasos. En primer lugar, la sustancia básica es creada y a continuación, físicamente el cielo y la tierra se forman, como se describe en los Días 1 a 4. La sustancia básica con la que el universo es moldeado debe consistir de lo siguiente: (1) lo que los científicos llaman las partículas elementales, (objetos a los que se les conoce por no contar con una subestructura) ya que, por definición, estos son los bloques de construcción de todo; y (2) materia oscura, ya que también es uno de los bloques de construcción, y además se nos dice, en Isaías 45:7, que es una Creación separada: *"Porque he aquí, El que forma la luz y crea las tinieblas..."*; y poco después, (3) hidrógeno, ya que se nos dice, *"con sabiduría* [con hidrógeno] *Dios creó..."* [4] (consulte el Capítulo 5, atributos Divinos). Génesis 1:2 se refie-

re también al agua. En Cábala[5] el elemento agua es el hidrógeno (físicamente el agua comprende agua de Cábala [hidró-
geno] y aire [oxígeno], es decir, H2O).

Siguiente, el Génesis nos dice que hubo un período de
completa oscuridad. Esta oscuridad es a la vez la ausencia de
luz y una nueva Creación: *"con la oscuridad en la superficie de las
profundidades..."* [6] Tras el período de la oscuridad viene un período de luz penetrante como *"Dios dijo hágase la luz, y hubo
luz."* [7] Como con el período de oscuridad, este nuevo período
de luz es expansivo: todo está iluminado. Luego, hacia el final
del día, *"Dios ha separado la luz y las tinieblas."*[8] Este acto de separación debe querer decir que hay partes físicas del cielo que
están iluminados, y otras secciones que son de color oscuro
(como el cielo de hoy). Todos estos pasos se realizan en secuencia durante el Día 1, de 0 a 1,28 BY (ver Figura 5.2).

La teoría del Big Bang se describe un proceso similar a la
del Génesis.[9] En el principio, todos los elementos constituti-
vos fundamentales del universo, hasta el más ligero (mayorita-
riamente el hidrógeno), se producen en un tiempo muy corto.
Para los siguientes 200 MY (aproximadamente las dos primeras
horas de tiempo de Creación) el universo existe en la edad oscura. Durante este tiempo todo la radiación electromagnética es
infrarroja, y, por tanto, invisible a nuestros ojos, y la materia
oscura y el hidrógeno se aglutinó en zonas de alta densidad, de
la que surgen las primeras estrellas alrededor de 200 MY. Estas
estrellas son diferentes a nuestro sol: son de corta duración,
100 veces más grandes, y un millón de veces más brillantes, y
emiten gran parte de su radiación en el rango ultravioleta. La
radiación ultravioleta es tan fuerte que ioniza el hidrógeno en el
espacio, y todo el universo aparece iluminado. Esta situación
cambia alrededor de 1 BY, o un par de horas antes del final de
la jornada número 1 en tiempo de Creación. De más larga vida
y más tenues, estrellas se forman en grupos, y el gas ya no está
ionizado, por tanto, ya no encendido. El universo ha desarro-

llado galaxias brillantes o áreas llenas de estrellas y zonas oscuras.

Los eventos de arriba y los de los días subsiguientes 2, 3 y 4 se resumen en la Tabla 7.1 a continuación.

Día 2

Día 2 comienza con *"Que haya un firmamento... y que se separan entre el agua y el agua"* [10] y *"Dios llamó al firmamento, Cielo."* [11] Por lo tanto, el Día 2 está dedicado a la separación de las aguas (el hidrógeno) para formar el cielo. Día 2 es el único día en el que Dios no dice *"que era bueno"*, lo que indica que lo que se hizo en el Día 2 no se completó hasta el punto de que era útil para el hombre, o que no había alcanzado aún su estado previsto.[12] Muchos escritores comentaristas se han intrigado sobre el significado del concepto del texto del Día 2. Basado en el hecho de que el texto del Días 3 y 4 identifica el cielo como nuestro cielo nocturno y que el hecho de separar el hidrógeno en áreas de alta densidad es cómo las estrellas se han creado, el Día 2 es un período de intensa formación de galaxias y estrellas,[13] pero estas formaciones no llegan a un punto de terminación que se asemeja a la utilidad del cielo de la noche con todas sus constelaciones.

Una vez más, la línea de Tiempo de Creación coincide con la teoría del Big Bang. Día 2 corresponde al período comprendido entre 2,56 BY y 3,84 BY (véase la Figura 5.3). Después de la aparición de las primeras protogalaxias, la tasa de formación de galaxias y estrellas comienza a aumentar. La tasa de natalidad de las estrellas alcanza su máximo en algún momento justo antes de los 3 BY, y comienza a disminuir lentamente a la tasa de cambio de hoy de menos del 5% de la tasa máxima.[14] Por lo tanto, de acuerdo con los científicos, el principal período de consolidación y el pico de Creación de las estrellas y las galaxias en el universo se produjo durante el Día 2.

Día 3

Hasta este punto, el relato del Génesis se ha interesado por agua (hidrógeno) y la luz. Día 3 introduce agua física (y por lo tanto oxígeno) y tierra.[15] El elemento *tierra* corresponde a nitrógeno. Sin embargo, el texto que figura a continuación explica que el planeta tierra y mucho de la vida está formado por la tierra y el agua. Por lo tanto la tierra en el Día 3 se refiere a los materiales de la superficie de la tierra, y no el elemento tierra (nitrógeno). La primera parte del Día 3 se refiere al acopio de la tierra y las aguas. La última parte del Día 3 se centra en la formación física del planeta tierra.

Desde el punto de vista científico, el texto de la primera parte del Día 3 puede ser interpretado de una manera sencilla y pragmática; debe hacer referencia al acopio de la materia específica con la cual la tierra y el sistema solar se va a formar. Sin embargo, antes de que todo ese material pueda ser recopilado, los elementos debe haber estado formados. El Rabino Yitzjak Ginsburgh explica la formación de estos elementos como se describe en la Torá[16] como sigue:

> El hidrógeno corresponde a la sefirá de la Sabiduría [consulte el Capítulo 5, los atributos Divinos], y que por sabiduría Dios creó todo en el universo, como se observa en el versículo: *"Hiciste todas ellas con sabiduría"* (Sal. 104:24). Esta idea—de que la Sabiduría, o su paralelo elemental, el hidrógeno, es el origen de todos los demás elementos del universo—corresponde a la aceptada teoría contemporánea de nucleosíntesis[17] (formación de elemento), que teoriza que todos los elementos se crean en la reacción de fusión del hidrógeno en las estrellas. A partir de las primeras estrellas, pesados elementos formados han vagado a través del espacio para encontrar su camino a la nebulosa que formó el disco de la Vía Láctea.

La cosmología ha demostrado que en algún momento nuestra galaxia, la Vía Láctea, se comenzó a formar, en primer lugar su núcleo, y mucho más tarde su disco. El disco gaseosamente rico es donde nuestro sistema solar se formó. Por lo tanto, el texto del Día 3 se refiere que el disco de la Vía Láctea se formó en algún momento en la primera mitad del Día 3, entre 5,1 y 5,75 BY (véase la Figura 5.2). Esta es una estimación más estricta que la actual teoría científica es capaz de proporcionar. La teoría de la formación de una galaxia está todavía en su fase de desarrollo, y las estimaciones actuales hipotetisan que el disco de la Vía Láctea se formó a los 5,44 ±1,8 BY.[18]

La Torá describe y fecha los eventos claves en la historia temprana del universo. Estos acontecimientos y el momento en que se producen son consistentes con la teoría del Big Bang y se resumen en la Tabla 7.1 a continuación.

Tabla 7.1 Cronograma para el Desarrollo del Universo—Torá y Ciencia

Evento de Creación	Tiempo de Creación	Tiempo Humano	Evento Científico	Tiempo Derivado de la Ciencia
"En el comienzo de la Creación de Dios...	Comienzo del Día 1	"El brevísimo instante siguiente..." Hora cero	Fase temprana del "Big Bang"	Los primeros 3 minutos
"Con sabiduría [es decir, con hidrógeno]Dios creó..."			El hidrógeno aparece mientras el universo se expande	3 Minutos

Evento de Creación	Tiempo de Creación	Tiempo Humano	Evento Científico	Tiempo Derivado de la Ciencia
"Con la oscuridad sobre la superficie..."	Día 1 en secuencia	0 a 1,28 BY	La Edad Oscura	5–200 MY
"Que se haga la luz..."			Las primeras estrellas y la época de re-ionización, universo iluminado	200–800 MY
"Separada entre la luz y la oscuridad..."			Galaxias infantiles, cielo con porciones de luz y oscuridad	1 BY en adelante
"Que haya un firmamento ..."	Día 2	2,56–3,84 BY	El apogeo del nacimiento de estrellas.	El apogeo de actividad justo antes de 3 BY, luego disminuye lentamente
Reuniendo las tierras y las aguas, la nebulosa que formo el disco de la Vía Láctea.	Primera mitad del Día 3	5,11–5,75 BY	Se forma el disco del la Vía Láctea	5,44 ± 1,8 BY

Evento de Creación	Tiempo de Creación	Tiempo Humano	Evento Científico	Tiempo Derivado de la Ciencia
La terminación del sol y la luna.	Día 4, finaliza y entra en noche de luna menos de 2/3 de una hora más tarde	Sol 4,79 BY atrás, o un poco menos	Se completa el Sol.	4,57 ± 0,11 BY atrás
		Luna menos de 70 MY despues.	Luna	Alrededor de 50 MY despues.

El Sol, la Luna, y el Planeta Tierra

El sol y la luna fueron creados el Día 4. La Figura 7.1 muestra los tiempos para los días 4 y 5, y ayuda a visualizar cuando el sol y la luna se crearon. Esta figura incluye las 3 líneas de tiempo discutidas previamente (Figura 5.2), con la adición de una cuarta línea de tiempo en la parte inferior. Esta cuarta línea de tiempo es un Tiempo Humano en marcha atrás a partir de hoy, representa Tiempo Humano en años hacia atrás. Dado que la mayoría de los sucesos son fechados en años hacia aras a partir de hoy (en lugar de años desde el Big Bang), esta cuarta línea de tiempo facilita las consultas para los efectos de la comparación de los tiempos derivados de la ciencia. Los eventos derivados de la Ciencia se sitúan por debajo de esta línea de referencia.

Eventos de la Ciencia	Tiempo Humano (A partir de ahora hacia atrás en BY)	Tiempo Humano (Del inicio BY)	Tiempo Divino (Miles de años)	Tiempo de Creación	Eventos de Creación
	5,01	8,74	27417	Día 4 — 10	
	4,90	10,23	27708	Día 4 — 11	
	4,79	8,84	28000	Día 4 — 12	Sol y Luna son puestos en el sistema solar. La Luna disminuida; La Tierra iluminada.
Sol 4, 57 BY; Luna y tierra más jóvenes.	3,52	8,95	31500	Día 5 — 12	
Ancestro común a toda la vida actual.	3,41	10,33	31792	Día 5 — 1	La vida comienza en el océano.
	3,30	10,44	32083	Día 5 — 2	
	3,20	10,55	32375	Día 5 — 3	
	3,09	10,65	32667	Día 5 — 4	
	2,98	10,76	32958	Día 5 — 5	
	2,88	10,87	33250	Día 5 — 6	
	2,77	10,97	33542	Día 5 — 7	
	2,66	11,08	33833	Día 5 — 8	
	2,56	11,19	34125	Día 5 — 9	
	2,45	11,29	34417	Día 5 — 10	
	2,34	11,40	34708	Día 5 — 11	
Primeros organismos complejos.	2,24	11,51	35000	Día 5 — 12	El primer llenado de las aguas en los mares.

Figura 7.1 Día 4 (de la hora 10 en adelante) y Día 5 de la Creación

La mayoría de la narración para el Día 4 se refiere a la utilidad de las dos luminarias: el sol y la luna. Su finalización y puesta en órbita (es decir, el set-up del sistema solar) se produce en el último acto del día, al final del Día 4.[19] *"y las puso Dios* [las dos luminarias] *en el firmamento de los cielos para alumbrar sobre la tierra."*[20]

El final del Día 4 en la línea de Tiempo de Creación corresponde a 4,79 BY atrás (ver Figura 7.1). Las fuentes indican que el sol puede que haya continuado evolucionando durante un corto tiempo del día siguiente:[21] *"a continuación, hubo una disputa entre el Sol y la Luna. La Luna se quejó, 'dos reyes no puede gobernar con la misma corona'. Dios se enojó e hizo la Luna más pequeña. El sol se amplió porque no entró en la controversia."* Por lo tanto, el Sol es un poco mayor (formado hace menos de 4,79 BY atrás). La edad del sol según la Torá se compara bien con los datos científicos más fidedignos disponibles, lo que indica que el sol se formó 4,57 ±0,11 BY atrás.[22]

La luna también sigue evolucionando más allá del final del Día 4. Aprendemos del comentario de Rashi, de que a la luna se le dijo, "Ve y disminúyete."[23] Esto sucede después que la Luna es colocada. Como resultado de ello, la luna disminuye y se convierte en un producto terminado algún tiempo pasado el Día 4. El Pirkê de Rabí Eliezer[24] especifica que la luna es más joven que el sol, en no más de 2/3 de hora, es decir, no más de 70 MY. Las teorías científicas[25] para la formación de la luna, la cual continua siendo desarrollándose, están de acuerdo con la explicación de la Torá. Indican que la luna es más joven que el sol entre 30 y 50 MY. La teoría predominante[26] es que la luna se formó después de que un meteorito gigante impactara la tierra y disemino material en órbita alrededor de él, y que este material se acumuló para formar la luna. Esto sin duda podría ser considerada como un proceso decreciente.

Como vimos anteriormente, según el Génesis el planeta tierra se formó durante el Día 3. Uno de los propósitos del sol es el de *"brillar sobre la tierra...* El comentario de *"El Ramban*[27] sobre el Génesis deja en claro que la tierra era oscura hasta que el sol brilló sobre ella:

> En el tercer día, la tierra seca, los mares, y la vegetación fueron creadas pero todavía estaba oscuro en la misma tierra. Sólo en el cuarto día fueron generados los cuerpos luminosos el reino de las esferas. Uno de sus objetivos fue el de arrojar luz sobre la tierra misma, esta luz dividida entre el sol y la luna, es decir, entre el día y la noche.[28]

Por lo tanto, determinamos que Dios no observo el planeta tierra hasta que la luz del sol llego a la tierra. Por lo tanto, la tierra puede haber estado en un estado no físico[29], ya que no fue observado por un observador consciente hasta que se convirtió en una realidad física sólo después de que el sol se completó y arrojo luz sobre ella. La teoría científica postula que la tierra se formó alrededor de 30 MY más tarde que el sol[30] (es decir 4.5 A 4.6 BY atrás).

Por otra parte, una simple interpretación del Génesis indica que la tierra es mucho más vieja de lo que los científicos han determinado.

Un cuidadoso examen de la literatura científica sobre la formación del sol, la luna y la tierra revela que los científicos tienen mediciones precisas y directas de la edad del sol y la luna. Sin embargo, en el caso de la tierra, los científicos no han encontrado la manera de determinar su edad directamente, porque la tierra es un planeta vivo, constantemente destruyendo y creando viejas rocas y creando nuevas rocas vía las placas tectónicas y volcanes. Si existen rocas primordiales en su estado original, estas no se han encontrado todavía. Por lo tanto, todo lo que podemos decir es que la tierra es al menos tan antigua como cualquiera de sus rocas más antiguas.

Las rocas más antiguas datan de alrededor de 4 BY atrás. Los meteoritos, que son fragmentos de asteroides (pequeños cuerpos celestes compuesto de rocas y de metal que se mueven alrededor del sol) que caen a la tierra, se remontan a unos 4.5 BY atrás.[31] Los científicos han teorizado que la tierra se formó al mismo tiempo que el resto del sistema solar, incluyendo los asteroides. Por lo tanto, los científicos toman la edad de los meteoritos encontrados en la tierra como la misma que la edad de la tierra.

Sin embargo, los cosmólogos han descubierto planetas que han sido expulsados de sistemas estelares, potencialmente por una supernova (una gran explosión estelar).[32] Algunos científicos han postulado que la propia tierra fue expulsada por un sistema solar anterior.[33] También se sabe que nucleosíntesis en las estrellas crearon suficientes elementos que constituyen planetas similares a la tierra aproximadamente 8 mil millones de años atrás. Por lo tanto, la tierra pudo haberse formado mucho antes en algún lugar en el disco de nuestra galaxia, pasando a través de las nubes de hidrógeno molecular y otros materiales del cual el sistema solar se estaba formando, y se quedan atrapados por la gravedad de la materia del sistema solar mientras se formaba hace 4,5 BY atrás. Luego, a lo largo del tiempo los asteroides que se remontan a la formación del sistema solar han caído a la tierra y de esta manera produciendo los meteoritos que conocemos hoy. Este escenario, que no se contradice con la medición científica de la edad de las rocas de la tierra (pero si contradice la teoría de que la tierra se formó con el sistema solar), es coherente con Génesis en donde el planeta tierra se formó en Día 3[34](un día antes que el sol y la luna), alrededor de 7,5 a 8 BY atrás.

Irónicamente, una controversia que surgió debido a las interpretaciones literales de la Biblia afirmando una tierra joven, que de ninguna manera está cuadrado con pruebas científicas en desarrollo de la vieja tierra, se ha convertido en una cuestión de volver a examinar la teoría científica e impulsado por una interpretación no literal de los primeros seis días de y esto en una teoría que predice incluso una tierra más vieja!.

Finalmente, al final del Día 4 es también cuando *"era bueno"* aparece por primera vez en relación con el cielo (es decir, las estrellas). Por lo tanto, determinamos que alrededor de 4,5 BY atrás, el cielo nocturno a simple vista, se veía como en la actualidad, es decir, que ha llegado a un punto en que es útil a la humanidad. De hecho, observaciones galácticas revelan que, en ese momento las galaxias se veían como hoy; antes en el tiempo las galaxias eran más pequeñas y caóticas en su forma.[35]

Por lo tanto, la cosmología del Génesis y de la ciencia parecen estar de acuerdo:

1. Un universo en expansión que comienza a partir de una densa masa de sólo unos pocos milímetros de diámetro,

2. Una secuencia similar de eventos de desarrollo bien definidos son descritos en palabras muy similares (ej., las primeras estrellas iluminan todo el universo y hubo luz), y

3. Una estrecha relación entre los tiempos de todos los eventos, excepto en el tiempo de la formación de la tierra, cuya diferencia puede explicarse con lo anterior.

También es interesante que, como se esperaba, los principales eventos de formación suceden durante las horas con "luz de día". Después de un intenso primer día (primeros 1,28 BY), dispone de una tranquila "noche" en donde la formación de estrellas comienza a aumentar; esto es seguido por una intensa segunda jornada de hora punta de Creación de galaxias. Durante la noche después del Día 2, la formación de estrellas continúa a un ritmo inferior, y elementos pesados se siguen formando, sólo en preparación para la construcción del disco de la Vía Láctea durante el Día 3. Esa noche es una vez más un período de tranquilidad en el que la Vía Láctea se desarrolla hasta el punto de que el sistema solar se puede formar en el Día 4.

¿Por qué esta noche es un período de tranquilidad en el que esencialmente nada nuevo sucede? En un sentido más corpóreo, cuando estamos dormidos nuestra alma no está en control de nuestro cuerpo y no crea o cambia nada; sin embargo, nuestros cuerpos siguen funcionando normalmente. Cuando Dios no ejerce Su Voluntad,[36] es como si él estuviese dormido, y no causa ninguna cosa nueva o diferente . Sin embargo, lo que se ha creado y formado sigue funcionando y desarrollándose habitualmente hasta la próxima vez que Dios ejerce Su Voluntad.

Este patrón de períodos de calma, en la que Dios no ejerce Su Voluntad, es aún más evidente en los próximos dos días de Creación cuando aparece la vida.

[1]   Génesis 1:1, Ramban la interpretación.

[2]   "Origen del Universo: Un Mundo", *National Geographic,* 1996-2010 National Geographic Society. http://science.nationalgeographic.com/science/space/univers e/origins-universe-article.html.

[3]   Génesis 1:1.

[4]   Salmo 104:24.

[5]   Yitzchak Ginsburgh, *La Torah y La Química: La Tabla Periódica de los Elementos,* Gal Einai Publicación Sociedad.

[6]   Génesis 1:2.

[7]   Génesis 1:3, Malbin la interpretación.

[8]   Génesis 1:4.

[9]   Mark Whittle, *La Cosmología: La Historia y La Naturaleza de Nuestro Universo, Guía* (EE.UU.: La Enseñanza Empresa, 2008), Temas 3 y 4.

[10]   Génesis 1:6.

[11]   Génesis 1:8.

[12]   Génesis 1:4, comentarios de Rashi.

[13]   H. Alces,*En Un Principio: La Biblia No Autorizados* (California: *Treinta y Siete Libros*, 2001), págs. 90-94.

[14]   Mark Whittle, *La Cosmología: La Historia y La Naturaleza de Nuestro Universo, Guía* (EE.UU.: La Enseñanza Empresa, 2008), Temas 3 y 4.

[15]   Yitzchak Ginsburgh, *La Torah y La Química: La Tabla Periódica de los Elementos,* Gal Einai Publicación Sociedad.

[16]   Yitzchak Ginsburgh, *La Torah y La Química: La Tabla Periódica de los Elementos,* Gal Einai Publicación Sociedad.

[17]   Nucleosíntesis es el proceso de creación de nuevos núcleos atómicos de nucleones (protones y neutrones). Nucleosíntesis de los elementos más pesados pesados requiere las estrellas y super-nova explosiones. Teóricamente, esto sucedió como el hidrógeno y el helio desde el Big Bang (tal vez influida por las concentraciones de materia oscura) condensada en las primeras estrellas. Los elementos creados en nucleosíntesis estelar atómica de números de seis (carbono) de al menos 98 (Californio), que se ha detectado en los espectros de las supernovas. Síntesis de los elementos más pesados se produce por la fusión nuclear (incluyendo tanto rápido y lento múltiples) o captura de neutrones por fisión nuclear, a veces seguidos de decaimiento beta.

[18] Eduardo F. del Peloso, *et al.*, "La Edad de la Galaxia Disco Delgado de Th/Ue Nucleocosmochronology: Muestra Extendida", Actas de *La Unión Astronómica Internacional* v. 1 (23 de diciembre de 2005), págs. 485-486 (Cambridge University Press).

[19] Comentarios lugar los últimos pasos en la creación y colocación de el sol y la luna justo al final del día 4. *"El sol y la luna se colgaron en una sola ventana durante las tres primeras horas del día."* (Levush, Orach Chayim 428). *"El sol y la luna fueron creados iguales, tanto en tamaño como en brillo, como la Escritura, 'e hizo Dios las dos grandes lumbreras.' se mantuvieron iguales para de veinticuatro horas."* (Targum Yonatan Beguin; [El Rabino Shmuel Feivel ben Yitzjak Katz] Leket Shmuel, Venecia 1694). El original de tres horas añadido a estas 21 horas totales 24 horas, es decir, el fin del día 4. *"A continuación, se produjo una disputa entre el sol y la luna. La luna se quejó, 'dos reyes no puede gobernar con la misma corona.' Dios se enojó y hizo la luna más pequeña. El sol se amplió porque no entrar en la controversia."* (Chulín 3; Bereishit Rabba, Zohar Jadash 14c). Ambos, la luna decreciente, y el sol ampliar a ocurrir o a la derecha después del final del día 4.

[20] Génesis 1:17.

[21] Véase la nota 19.

[22] Alfio Bonanno, Helmut Schlattl y Lucio Paternò, *"La Edad del Sol y la Corrección Relativista de la EOS"*, *A&A* 390/3 (2002), págs. 1115-1118.

[23] (i) Véase la nota 18.

(ii) el comentario de Rashi el verso *"y dijo Dios: que haya luminarias en los cielos"* (Génesis 1:14). El Talmud (bHul 60b) cita El Rabino Shimon ben Pazi: "se escribe por primera vez "las dos grandes luminarias", y, a continuación, se escribe, "la gran luminaria y la pequeña luminaria." ¿Cómo se explica este hecho? La Luna dijo que el Todopoderoso: "dueño del mundo, ¿es posible que dos reyes de la regla en una corona?", el Todopoderoso contestó: "Vaya y disminuir personalmente."

24   Michael Friedlander, *Pirkê de Rabí Eliezer* [parte de la ley oral], (Illinois: Varda Books, 2004), Capítulo 7 dice que el sol es más viejo que la luna por un período de menos de 2/3 de hora, o 70.

25   Thorsten Klein et al., "Hf-W Cronometría de Metales Luna Res y la Edad y Diferenciación Precoz de la Luna", *Revista* 310/5754, 2005, págs. 1671-1674.

26   Edward Belbruno y J. Richard Gott III, "¿de dónde provienen de la Luna?" *El Diario Astronómico* 129 (3) (2005), págs. 1724-1745.

27   Génesis 1:15.

28   El comentario de Ramban Génesis 1:15.

29   Alexander Poltorak, "De la Edad del Universo", BOr Ha-Torá Vol. 13, ed. del Prof. Herman Branover (Israel: SHAMIR, 1999).

30   Brent Dalrymple, *La Edad de la Tierra* (California: Stanford University Press, 1991).

31   Ibíd.

32   Ibíd.

33   Marcos C. de La Fuente y Marcos R. de La Fuente, "De Lejos Los Planetas", *Nueva Astronomía* v. 4, No. 1 (Febrero de 1999), págs. 21-32.

34   H. Alces, *En Un Principio: La Biblia No Autorizados* (California: Treinta y Siete Libros, 2001), págs. 94-95.

[35] L. S. Sparke y J. S. Gallagher III, *Las Galaxias en el Universo: Una Introducción, Segunda Edición* (Cambridge, UK: Cambridge University Press, 2007), págs. 397-402

[36] Rabí Menajem M. Schneerson, *Likkutei Sichot, Volumen VII: Shmos* (New York: Kehot Publicación Sociedad, 1996).

Capítulo 8

La Aparición de la Vida en la Tierra

¿Qué es la vida?

La Enciclopedia Británica ofrece esta definición:

> Materia caracterizada por la habilidad de metabolizar nutrientes (procesar sustancias para constituir tejido y energía), crecer, reproducirse y responder y adaptarse a los estímulos medioambientales.

Nuevamente, el relato de la Creación en el Génesis referente al origen de la vida y su aparición en la tierra es fundamental tanto para el Judaísmo como para el Cristianismo. Este se explica y se detalla en la Ley Oral y se ha desarrollado en comentarios y obras Cabalísticas a lo largo de miles de años.

El material que nos provee la Biblia respecto a la vida, en particular sobre la humanidad, es considerablemente mayor que lo que respecta a la cosmología. En consecuencia, es posible desarrollar una cronología bastante clara en lo que concierne a la aparición y la extinción de la vida (materia que se discutirá en el próximo capítulo) en la tierra. El Génesis considera cuatro grandes clasificaciones de la vida: microscópica, vegetal, animal y la humanidad. Sin embargo, no nos brinda mayor información en relación al desglose de las distintas especies vegetales y animales.

Conforme avanzaba el tiempo, los humanos comenzaron a estudiar la vida de manera lógica en lo que se ha denominado biología, una ciencia natural que estudia la vida y los organismos vivos. Frecuentemente, se le atribuyen los orígenes de la biología moderna y su enfoque en la investigación de la naturaleza a la Antigua Grecia. La clasificación de los seres vivos en animales y vegetales es antigua; Aristóteles (384 AEC–322 AEC) clasificó las especies animales en su obra *Historia de los Animales*, y su discípulo Teofrasto (c. 371–c. 287 AEC) escribió una obra paralela sobre la vida vegetal (*Historia de las Plantas*).

En 1674 EC, Antonie van Leeuwenhoek, a quien a menudo se le denomina el padre de la microscopia, le envió una copia de sus primeras observaciones de organismos unicelulares a La Real Sociedad de Londres. Hasta entonces, no se conocía la existencia de organismos tan pequeños y sus descubrimientos abrieron la mente humana para considerar de manera más amplia las implicancias de la vida y sus orígenes.

Hoy en día, la biología ha alcanzado un buen entendimiento de la diversidad de organismos vivos que se encuentran en la tierra, lo que incluye a plantas, animales, hongos, bacterias, et al. Las propiedades comunes de estos organismos son una forma celular en base a agua y carbono con organizaciones complejas y su información genética heredable. La biología se supedita a una clasificación de estructura jerárquica, o taxonomía. Cada nivel en esta estructura jerárquica se denomina categoría. En la cima de esta jerarquía está la vida, seguida por distintos niveles de subdivisión. La categoría que sigue es el reino, que a su vez tiene al menos seis subdivisiones, las que incluyen a las plantas, animales y bacterias, además de tres subdivisiones adicionales (por ejemplo, los hongos, que incluye a las setas). La humanidad está categorizada como perteneciente al reino animal. El nivel inferior corresponde a las especies, que se definen como un grupo de organismos capaces de procrear y de producir descendencia fértil. Hay millones de especies.

Los restos fósiles documentan de manera clara la aparición de la vida en la tierra, y la evolución es la teoría científica que explica cómo esta se desarrolló.

¿Describen la ciencia y el Génesis el mismo proceso subyacente del desarrollo de la vida? ¿Describen acaso la misma secuencia de aparición de la vida en la tierra? ¿Coinciden los momentos en que aparecieron las distintas formas de vida?

Hay una clara discrepancia en las explicaciones respecto al desarrollo de la vida propuestas por la ciencia y el Génesis. En la ciencia, la teoría de la evolución sostiene que este es un proceso puramente materialista impulsado por la selección natural de variaciones aleatorias a nivel genético. Un proceso clave en la evolución es la especiación, en la cual una sola especie ancestral se divide y diversifica en múltiples especies nuevas. Básicamente, todas las especies vivas (y extintas) descenderían de un ancestro común por medio de una serie de eventos evolutivos.

Por su parte, en el Génesis, la vida microscópica se forma en primera instancia, y luego se crea y se forma la vida macroscópica, "*según su tipo*"[1]. Posteriormente en este capítulo analizaremos el significado de estos *tipos*. Sin embargo, está claro que no se refieren a la especiación en términos científicos; pues cada especie es creada en forma separada. Particularmente la humanidad es una Creación diferente. Ahora, si bien toda especie se creó independientemente, todas fueron hechas por un Creador, y por lo tanto podrían aparecer como que evolucionaron unas de otras. Si caminamos por la calle y analizamos los autos que pasan por ella, podremos observar una clara secuencia evolutiva; se puede establecer la antigüedad de cada uno y ver cómo se han hecho mejoras a medida que aparecen los modelos nuevos. El modelo más básico luego se convierte en un auto deportivo con el fin de ir a mayor velocidad, o en un auto más grande y de esa forma ser capaz de llevar más carga, y así sucesivamente. Sin embargo, lo que en primera instancia pareciera ser una secuencia evolutiva es en realidad el resultado del trabajo de uno o más diseñadores.

A pesar de las discrepancias entre la ciencia y el Génesis respecto al desarrollo de la vida, con la ayuda de los restos fósiles podemos poner esta diferencia a un lado y enfocarnos en la cronología de la aparición de la vida en la tierra (por ejemplo, examinando cada modelo y cuándo apareció). Dado a que los restos fósiles nos muestran una cronología del surgimiento de la vida en la tierra independiente del proceso (como sería por ejemplo la teoría de la evolución), y el Génesis también nos muestra una cronología de la aparición de la vida en la tierra, es que somos capaces de llevar a cabo una comparación cronológica.

Comenzaremos con la vida de las plantas terrestres y luego analizaremos otras formas de vida (a excepción de la humanidad, que se trata en el Capítulo 10).

La discusión de este capítulo se ilustra en la Figura 7.1—que muestra la cronología del Día 4 y el Día 5 de la Creación, y la Figura 8.1 más abajo, que muestra la cronología del Día 6 de la Creación. Como se ha explicado anteriormente, la cuarta línea de tiempo de las figuras es idéntica a la cronología humana (la tercera línea de tiempo), con la diferencia de esta ha sido adaptada presentando el tiempo en reversa, comenzando en 0 para marcar la época actual y llegando hacia el inicio de la Creación hace 13,74 BY. Nótese que la cuarta línea de tiempo en la Figura 8.1 muestra el tiempo en cero a la Hora 10 del Día 6 versus al día de hoy. La razón de ello es que el tiempo entre hoy y la Hora 10 son 5.775 años, mientras que el tiempo entre la Hora 10 y los eventos anteriores es de millones de años, por lo que 5.775 años no son consistentes.

Como vimos en el Capítulo 5 (en la sección de la cronología de la Creación), el Talmud nos brinda información precisa, hora a hora, del Día 6, en relación a la formación/Creación del hombre y sus actividades humanas posteriores. Esta información, ilustrada en la Figura 8.1, es útil a la hora de precisar la cronología completa del surgimiento de la vida macroscópica en la tierra.

Eventos Científicos	Tiempo Humano (Desde hoy, en reversa y en BY)	Tiempo Humano (desde el comienzo, en BY)	Tiempo Divino (miles de años)	Tiempo de Creación		Eventos de la Creación
				12		
		12,78	38500			
	0,96			1		El polvo fue reunido
		12,89	38792			
	0,85			2		El polvo es amasado en una masa amorfa; Formación de la vida compleja comienza
		13,00	39083			
	0,75			3		Se forman las extremidades de Adán
		13,10	39375			
	0,64			4		Alma es insuflada en Adán
Explosión Cámbrica		13,21	39667			
	0,53			5		Adán se levantó y esta sobre sus pies
Primer pez		13,32	39958			
	0,43			6	Día 6 (horas)	Adán nombró a los animales
Plantas primitivas Cuadrúpedos		13,42	40250			
	0,32			7		Eva es creada
Diversificación de semillas, plantas y árboles		13,53	40542			
	0,21			8		Nacen Caín y Abel. Se planta el Jardín después de que el hombre ha sido creado.
Angiospermas Aves modernas		13,64	40833			
	0,11			9		Adán y Eva son ordenados no comer del Árbol
Edad del universo 13,7		13,74	41125			
	0,0			10		Adán y Eva pecaron
			41417			
				11		Adán y Eva fueron juzgados
			41708			
				12		Adán y Eva fueron expulsados del Jardín del Edén
			42000			

Figura 8.1 Día 6 de la Creación

Plantas Terrestres

Las plantas, como todas las formas de la Creación, se conciben por medio de dos operaciones (ver Capítulo 5, conceptos clave—un proceso de dos pasos). Primero se le otorga a la Tierra el poder de brotar, o dar vida, a las semillas que se siembran en ella. La segunda operación consiste en formar físicamente la vegetación. Luego la tierra puede hacer crecer la vegetación en su superficie. En el Día 3, el texto dice, *"produzca la tierra vegetación,"* [2] es decir, *"otórguesele a ella el poder de cultivar la hierba…"* [3] El Día 6, el texto dice, *"y ninguna hierba del campo había germinado todavía, pues Dios no había hecho llover sobre la tierra, ni había hombre que labrara el suelo."* [4] Está claro que no hay vegetación que brote en la tierra hasta el Día 6, y solo ahí, después de que se completa al hombre, brota físicamente y comienza a dejar su evidencia en los restos fósiles. [5]

El texto continúa, y nos cuenta que la vegetación, en particular los árboles, comienzan a aparecer:

> *Luego plantó Dios un jardín en Edén, al oriente, donde colocó al hombre que había formado. Y Dios hizo brotar del suelo toda clase de árboles deleitosos a la vista y buenos para comer, y en medio del jardín, el Árbol de la vida y el Árbol del Conocimiento del Bien y el Mal.* [6]

Finalmente, claramente se indica que las plantas y los árboles ya han aparecido para cuando se le ordena a Adán no probar el fruto del Árbol del Conocimiento del Bien y el Mal: *"Tomó, pues, Dios al hombre y le dejó en el jardín del Edén, para que lo labrase y cuidase* [es decir, el jardín estaba completo]. *Y Dios impuso al hombre…"* [7]

Entonces, de acuerdo al Génesis, las plantas comenzaron a aparecer sobre la superficie de la tierra justo después de que se completó al hombre, al comienzo de la Hora 6, (esto es, cuatro horas antes del pecado) y que ya habían aparecido para cuando a Adán y a Eva se les ordena que no prueben el fruto del árbol, a la Hora 9 (una hora antes del pecado); ver Figura 8.1. Una hora es aproximadamente 106,5 millones de años (MY); ver Tabla 5.2, lo que indica que las plantas aparecieron entre 426 y 106 millones de años atrás (Ma). Los tiempos de la Torá para la aparición de la vida vegetal calzan con la evidencia científica de los restos fósiles,[8] como se muestra en la Tabla 8.1. Las dos columnas a la derecha en la Tabla 8.1 se extrajeron de la línea de tiempo de la aparición de la vida en la tierra como se muestran resumidas en la Tabla 3.2.

Tabla 8.1 Cronología de la Aparición de las Plantas Terrestres—La Torá y la Ciencia

Evento de la Creación	Tiempo de la Creación	Tiempo Humano	Evento Científico	Tiempo establecido por la Ciencia
Con el hombre completo, Dios comienza a plantar el Jardín	Comienzo de la Hora 6	Poco después de 426 Ma	Aparecen las primeras plantas terrestres primitivas macroscópicas	420 Ma
"Dios hizo brotar del suelo cada árbol..."			Se diversifican las semillas y las coníferas	280 Ma
Jardín completo, "Dios comando.."	Al final de la Hora 9	Hacia 106.5 Ma	Aparecen las angiospermas	130 Ma

Los Comienzos de la Vida

En la Torá, la aparición de la vida acuática está descrita claramente en el Día 5. Esta Creación ocurre en tres pasos (ver Capítulo 5 conceptos clave—un proceso de dos pasos). Exactamente al comienzo del día, *"bullan las aguas de criaturas vivientes, y aves revoloteen sobre la tierra contra el firmamento celeste..."* [9] en el sentido *"que las aguas produzcan el poder de vivificar: el poder de infundir vida a las criaturas cuyo medio fuese el agua."* [10] Inmediatamente le sigue *"y creó Dios los grandes gigantes marinos y todo animal viviente, los que serpentean, de los que bullen las aguas por sus especies..."* [11] Finalmente, exactamente al final del Día 5, *"sed fecundos y multiplicaos, y henchid las aguas en los mares, y las aves crezcan en la tierra."* [12] Por lo tanto, la esencia de la vida aparece al comienzo del Día 5 (hace 3,52 BY), y la vida marina parece multiplicarse y por lo tanto aparece al fin del Día 5 (hace 2,24 BY); ver Figura 7.1.

El surgimiento de la esencia de la vida en la Torá coincide casi exactamente con la fecha establecida por la ciencia para la aparición de vida en la tierra. Se estima que el último ancestro común universal,[13] nombre con que se ha denominado al organismo unicelular o célula única de la que hipotéticamente descienden todos los organismos que ahora habitan la tierra, apareció hace 3,5-3,8 BY.

La aparición de la vida marina es un tema más complicado. La frase *"y así fue"* aparece reiteradamente en el relato de la Creación. Existen Comentarios que explican que esta frase significa que la Creación/formación apareció antes que la frase se estableciera eternamente.[14]

El Día 5 es el único día de la Creación en que no aparece la frase *"y así fue"*. Existen Comentarios[15] que discuten que esto quiere decir que (i) los cuerpos físicos de las criaturas que fueron creadas no siguieron siendo iguales a la forma original en que fueron hechos, y (ii) que las criaturas vivientes que se crearon en el Día 5 se completaron al día siguiente, por lo que no se multiplicaron sino hasta el Día 6 y por ende, la vida marina de cualquier tamaño y movimiento significativo debió aparecer en ese día. Esta interpretación es reafirmada por la palabra hebrea específica que se utiliza para la siguiente formación de vida, la de los animales en el Día 6, que incluye la raíz "asah." Esta raíz indica la terminación de algo que ya existe,[16] una alusión a que los animales de los mares se completaron en el Día 6. Sin embargo, el tiempo (hace 2,24 BY) de la bendición del Día 5 "henchid las aguas en los mares" no coincide con uno de los eventos más significativos del desarrollo de la vida de en la tierra según los científicos: hace 2,2 BY, el oxígeno de la atmósfera aumentó drásticamente, y aparecieron los primeros microorganismos complejos,[17] con células que contenían estructuras complejas dentro de sus membranas.

Formas de Vida Complejas

La formación de vida del Día 6 ocurre en un proceso de dos pasos. Primero, "Produzca la tierra animales[18] vivientes de cada especie: bestias, sierpes y alimañas terrestres de cada especie" [19] lo que quiere decir, "Produzca la tierra vida para infundir a todos los animales." [20] La vida multicelular microscópica de la que podría provenir la segunda operación se crea primero. En segundo lugar, "Hizo Dios las alimañas terrestres de cada especie, y las bestias de cada especie, y toda sierpe del suelo de cada especie." [21] Esta segunda operación, la formación esencial de los animales ocurre antes de la próxima Creación (la terminación del hombre a quien se le insufla el aliento de la vida) entre las horas 1 a 4 del Día 6. Al final de la Hora 4, la formación fundamental de los animales debió estar completa, y en particular, como ya lo hemos analizado, la de los animales del mar.

Sin embargo, la formación de la vida no concluye al final de la Hora 4; continúa, quizás incluso hacia el final del Día 6, cuando termina la Creación. Cuando se produce la posibilidad de vida, se produce de cuatro formas distintas: criaturas vivientes, animales, bestias y sierpes.[22] Sin embargo, cuando ocurre la primera formación física (al final de la Hora 4), solo hay tres de ellas: bestias, animales y sierpes.[23] Los comentarios[24] no logran explicar de manera fácil y contundente esta transición de cuatro a tres formaciones. Cuando Adán es bendecido, mucho después de su Creación y antes de cometer el pecado,[25] Dios dice, *"Sed fecundos y multiplicaos, y henchid la tierra y sometedla; mandad en los peces del mar y en las aves de los cielos y en todo animal que se mueva sobre la tierra."*[26] La descripción *"todo animal que se mueva sobre la tierra"* es mucho más inclusiva que las tres formas utilizadas para describir la formación física de la vida anteriormente en el Génesis.[27] Los sabios nos enseñan que cada cambio de vocablo en la Torá nos entrega nueva información. Por lo tanto, al inicio del día se produce la posibilidad de vida en la tierra,[28] y luego para el final de la Hora 4 se forma alguna, pero no toda la vida.[29] El resto se forma tras el final de la Hora 4, probablemente hasta el punto en que termina la Creación (es decir, hace 5.775 años).

Al comparar la descripción de la vida del Día 6 con la descripción de la misma cuando se embarca en el Arca de Noé encontramos evidencia adicional que indica que para el final de la Hora 4 no se ha formado toda la vida. En el Día 6: *"Hizo Dios las alimañas terrestres de cada especie, y las bestias de cada especie, y toda sierpe del suelo de cada especie."*[30] En Noé—*"y con ellos cada animal de cada especie, cada bestia de cada especie, cada sierpe de cada especie que repta sobre la tierra..."*[31] En los dos relatos, el cambio principal es el reemplazo de la palabra *las* por la palabra *cada* antes de cada bestia y animal, indicando claramente que hay más especies formadas tras la Hora 4 del Día 6.

Finalmente, el hecho de que Adán, y no Dios, nombre a las especies nos da un indicio clave del momento de su formación. El texto de la Creación indica reiteradamente que *"Dios llamó"* a la luz día; al firmamento, cielo; a lo seco, tierra, etc., pero en lo que respecta a tres formaciones específicas, *"las bestias del campo,"* *"el ganado"* y *"las aves del cielo,"*[32] Él le ordena a Adán que los nombre. Algunos comentarios[33] interpretan esto como que lo que nombró Adán se hizo después de él estuvo completo, mientras que lo que existió antes de Adán fue llamado (o nombrado) por Dios. Por lo tanto, las tres cosas descritas más arriba se hicieron durante la Hora 6, después de que se completó a Adán al final de la Hora 5 y justo a tiempo para que él pudiese denominarlos.

Una situación similar ocurre con los peces. No hay mención específica de los peces en el Día 5. Aun cuando su Creación haya sido incluida en ese día, se forman o completan solo en el Día 6 y solo cuando se ha terminado la Hora 4. Tras completarse se multiplican como lo indica la bendición en el Día 5.[34] La Torá no menciona a los peces directamente hasta que Adán es bendecido en el Día 6. Dios le dice a Adán, *"Sed fecundos y multiplicaos, y henchid la tierra y sometedla; mandad en los peces del mar..."*[35] En consecuencia, los peces apareces tras el fin de la Hora 4.

Las aves siguen el mismo patrón; aparecen en el Día 5. Sin embargo, el texto *"y las aves crezcan en la tierra"*[36] claramente explica que no se reproducirán sino hasta el Día 6. Es más, en el Día 6, antes de que Adán denomine a algunas especies, el texto dice *"Y Dios formó del suelo todos los animales de campo y las aves del cielo..."*[37] lo que indica que las aves fueron hechas de la tierra, una clara referencia a la formación en este día, y si bien el texto del Génesis no nos dice exactamente cuándo se multiplicaron las aves en el Día 6 (de acuerdo a la bendición del Día 5[38]), esto debió ocurrir en algún momento de las últimas horas de ese día.

La Torá además nos brinda un indicio importante respecto a la primera formación de los animales. Rashi[39] explica que los habitantes de la tierra fueron creados por el atributo Divino de la misericordia, el que aparece por primera vez en Génesis 2:4.

Como se ha expuesto anteriormente, en biología, la taxonomía es la práctica y ciencia de la clasificación, y la categoría es el nivel (y posición relativa) en la jerarquía taxonómica. Hay varios niveles de clasificación entre la vida y las especies. El nivel de filo corresponde a un grupo de organismos con cierto grado de similitud morfológica o de desarrollo. La morfología incluye aspectos de la apariencia exterior (forma, estructura, color y patrones) así también como la forma y estructura de las partes internas como huesos y órganos. Hay menos de cien filos representando a más de un millón de especies animales.

La jerarquía taxonómica biológica, como todo lo demás en la naturaleza, es equivalente a las diez sefirot, y en particular (según lo analizado en el Capítulo 5), el nivel de clasificación biológica del filo corresponde al atributo Divino de la misericordia.[40] Por lo tanto, se supone que la primera formación de vida—la cual se realiza con la primera sefirá emotiva, la misericordia—debió producir el filo para todas las futuras especies. Hacia el final de la Hora 4, se supone que todos los filos debiesen haber aparecido.

Utilizando la Figura 8.1, se pueden ubicar los eventos antes mencionados en la cronología del Tiempo Humano. La Tabla 8.2 resume los tiempos obtenidos de la Torá para la aparición de la vida compleja (columna del Tiempo Humano) y las compara con los tiempos de la ciencia (columna Evento científico).[41]

Tabla 8.2 Tiempos de la Aparición de la Vida— La Torá y Ciencia

Evento de la Creación	Tiempo de Creación	Tiempo Humano	Evento Científico	Notas
Primera vida en las aguas	Comienzo del Día 5	Hace 3,52 BY	Aparece el último antepasado común universal hace aproximadamente 3,5 BY	En Torá esto es también la esencia de la vida
Aguas llenas de vida	Final del Día 5	Hace 2,24 BY	Aparecen las células con estructuras complejas hace aproximadamente 2,2 BY	El oxígeno de la atmósfera aumenta drásticamente en este tiempo
Comienzo de la vida compleja	Día 6 Hora 1	959-Ma	Aparece la vida multi celular hace 900 Ma Primeros fósiles animales de 610 Ma	
formación esencial de los animales y finalización de los animales marinos tras este tiempo se completan otros animales, peces y aves	Final de la Hora 4	532 Ma	Explosión cámbrica, donde todos a excepción de uno de los filos modernos de vida animal aparecieron, según se ha descubierto a partir de los fósiles, alrededor de 530 Ma atrás y en un periodo de tiempo relativamente corto.	Durante la explosión cámbrica, aparecen los invertebrados, muchos de los cuales calzan en la descripción de *"sierpes"*

Evento de la Creación	Tiempo de Creación	Tiempo Humano	Evento Científico	Notas
formación y denominación del Ganado, las aves, y los animales de campo	Hora 6	426-320 Ma	Aparecen los primeros cuadrúpedos hace 397 Ma	
			Aparecen los primeros cuadrúpedos herbívoros hace alrededor de 360 Ma	Comentarios (Ramban) indican que los herbívoros corresponderían al ganado y los carnívoros a las bestias
			Fósiles de antepasados de los primeros mamíferos, aves y reptiles, que aparecieron hace 310 Ma	Las aves se formaron en el tiempo en que Adán los nombró, puede que no se hayan multiplicado aún
momento más tardío para finalización de los peces, aves, y toda criatura viviente que se mueve sobre la tierra	Antes del fin del proceso de la Creación	Hace 5.775 años	Primer pez, hace 450 Ma	El pez se comenzó a formar después del fin de la Hora 4, es decir, hace 500 Ma
			Primeros mamíferos, hace 215 Ma	
			Aves modernas hace 150 Ma, etc.	Las aves se multiplicaron después de ser nombradas?

La Torá y la ciencia concuerdan en la cronología de la aparición de la vida. Tras el surgimiento de la primera vida y de los organismos complejos, el siguiente hito de mayor importancia en lo que a esto respecta es la explosión Cámbrica,[42] de la cual se tiene registro fósil en relación a todas las formas de vida animal moderna a excepción de un filo. La explosión Cámbrica equivale exactamente a la formación principal de vida anterior a la Creación del hombre en la Torá, es decir, al final de la Hora 4. La posterior historia de la vida animal no supone más que pequeñas variaciones de corte anatómico establecidas durante la explosión cámbrica, dentro de cinco y a lo sumo cincuenta millones de años, es decir, entre tres y a lo sumo treinta minutos del Tiempo de Creación.

Luego del periodo Cámbrico, el siguiente hito es cuando Adán *"puso nombres a todos los ganados, a las aves del cielo y a todos los animales del campo..."*[43] El momento en que los denomina (que según lo expuesto anteriormente es también el momento en que se forman estos animales) coincide con la aparición de los herbívoros cuadrúpedos (ganado, según Ramban) y carnívoros (bestias, según Ramban). Para cuando Adán ya ha completado su tarea, todos los animales ascendientes de los mamíferos, aves y reptiles modernos han aparecido. Posterior a esto, la Torá no nos indica ningún otro tiempo específico para la aparición de la vida (hasta el final del Día 6, para cuando todas las especies ya han aparecido). Sin embargo, el surgimiento de las formas de vida, como los peces y las aves, es consistente en términos cronológicos con el texto de la Torá.

El relato del Génesis sobre la aparición de la vida en la tierra utiliza reiteradamente el término *"especie o tipo"* y los comentarios interpretan este término como las especies biológicas. Las especies son una unidad particular de clasificación biológica a un nivel muy detallado (existen millones de especies identificadas). Nuestro análisis sugiere que las especies se formaron el Día 6. En consecuencia, las criaturas que Adán denominó efectivamente hace cientos de millones de años no son las mismas que las que observamos hoy, puesto que se han formado muchas más especies desde de que él cumpliera su tarea.

Finalmente, en el caso de otras creaciones o formaciones el desarrollo ha sido continuo; nada ha sido creado o formado de manera estática. El planeta Tierra continúa cambiando debido al movimiento tectónico de placas, al vulcanismo, el cambio climático, entre otras cosas, y el universo sigue evolucionando y formando nuevas estrellas. Por lo tanto, es natural que el reino animal siga desarrollándose y adaptándose como lo hace, aunque de acuerdo al Génesis, las *especies* no pueden convertirse en otras *especies*.

En conclusión, a pesar de las diferencias en las explicaciones de la ciencia y de la narrativa del Génesis respecto al desarrollo de la vida, cada una nos da una cronología para su aparición, y ambas coinciden en estas materias:

1. Primera aparición de la vida microscópica en las aguas,

2. Evento principal de aparición de vida en un tiempo específico, en que las formas de vida surgen en un periodo de tiempo muy corto (explosión cámbrica),

3. Aparición más gradual de muchas especies tras este evento principal de aparición de vida, y

4. Correlación temporal prácticamente exacta en lo que respecta a los primeros dos eventos (puntos 1 y 2) y consistencia en relación al tiempo del surgimiento del resto de la vida (ver Capítulo 10 para la humanidad).

Por último, como vimos en el Capítulo 7—Cosmología, hay una separación temporal de los eventos que resulta curiosa. De acuerdo a lo examinado en el Capítulo 3, quienes estudian la ciencia se han maravillado con la serie de discretos eventos que conducen a la vida; los grandes periodos de miles de millones de años en que prácticamente no sucede nada. El relato de la Creación es consistente con estos largos periodos entre eventos de formación cortos y profundos. Hay tres eventos clave: hace 3,5 BY (que corresponde al inicio del Día 5), hace 2,2 BY

(que corresponde al final del Día 5), y 532 Ma (que corresponde al final de la Hora 4 del Día 6), seguidos por una secuencia
continua de más apariciones de vida (que corresponden al resto
de las horas de luz del Día 6). Estos eventos concuerdan precisamente con los tiempos en que Dios ejerce Su voluntad; entre
estos momentos, nada nuevo que sea digno de mención ocurre
dentro de la corta narración de la Creación.

Hasta ahora nos hemos ocupado de la aparición de la vida
en la tierra. Como veremos en el próximo capítulo, esta es solo
la mitad de la historia.

---

[1]   Génesis 1:24.

[2]   Génesis 1:11.

[3]   H. Moose, *In the Beginning: The Bible Unauthorized* (California: Thirty Seven Books, 2001), pp. 96-97. Otras fuentes (Talmud Chullim 60b, Midrash Rabbah 12:4, Rashi sobre el Génesis 2:5) establecen que había vegetación al Día 3, pero que esta
permaneció bajo la superficie de la tierra hasta el Día 6, cuando
brotó por encima de la superficie y comenzó a crecer, producir
semillas, y por ende comenzaron a aparecer restos fósiles.

[4]   Génesis 2:5. Malbim (Mendel Weinbach, Reuven Subar,
The Essential Malbim (New York: Mesorah Publications Ltd.,
2009), p. 24) explica que la "lluvia" descrita en este versículo es
lluvia divina, del hebreo matar, que desciende como respuesta a
las plegarias del hombre. Esta lluvia divina es distinta de la lluvia natural que car como resultado del vapor de agua que forma las nubes. Científicamente, se sabe que la lluvia caía sobre la
tierra mucho antes de que apareciera vegetación. Sin embargo,
no hubo vegetación sino hasta que cayó la lluvia divina.

[5]   H. Moose, *In the Beginning: The Bible Unauthorized* (California: Thirty Seven Books, 2001), p. 159.

[6] Génesis 2:8 and 2:9.

[7] Génesis 2:15 and 2:16.

[8] (i) Michael Marshall, "Timeline: The Evolution of Life," *New Scientist*, 14 de julio de 2009.

(ii) Para mayores detalles refiérase a la obra de Stephen Jay Gould, *The Book of Life: An Illustrated History of the Evolution of Life on Earth*, Segunda edición (New York: W. W. Norton Inc., 2001).

[9] Génesis 1:20.

[10] H. Moose, *In the Beginning: The Bible Unauthorized* (California: Thirty Seven Books, 2001), p. 105.

[11] Génesis 1:21; Rashi señala que sierpe significa "algo que no se levanta mucho por sobre la tierra y que tiene un método de desplazamiento que no es perceptible."

[12] Génesis 1:22.

[13] (i) W. Ford Doolittle, "Uprooting the Tree of Life," *Scientific American* 282(2), febrero del 2000, pp. 90-95.

(ii) Theobald, Douglas L, "A Formal Test of the Theory of Universal Common Ancestry," *Nature* 465 (7295) (13 de mayo de 2010), pp. 219–222.

[14] Rashbam sobre el Génesis 1.

[15] Rabbi Meir Zlotowitz, Bereishis, Genesis / A New Translation with a Commentary Anthologized from Talmudic Midrashic and Rabbinic Sources (New York: Mesorah Publications Ltd., 1977).

(i) Ramban sobre el Génesis 1:20, la ausencia de "y así fue" significa "no continuó siendo de la forma en que fue creado originalmente."

(ii) Malbim sobre el Génesis 1:20, "además, no dice "y así fue" porque la creación de seres vivos no se complete hasta el sexto día. La obra del quinto día fue una antesala de lo que se completó en el sexto día."

[16] Mendel Weinbach, Reuven Subar, *The Essential Malbim* (New York: Mesorah Publications Ltd., 2009), p. 25.

[17] (i) Para información respecto a la rápida aparición de oxígeno en la tierra, ver la obra de James F. Kasting and Shuhei Ono, "Palaeoclimates: The First Two Billion Years," *Philosophical Transactions of the Royal Society B*, v.361/1470, (2006), pp. 917-929.

(ii) Para información respecto al surgimiento de la vida multicelular compleja, ver la obra de Blair S. Hedges et al., "A Molecular Timescale of Eukaryote Evolution and the Rise of Complex Multicellular Life," *BMC Evolutionary Biology* v.4 1er número (2004).

[18] El vocablo *animal* de la Torá puede no tener el mismo significado que el que le ha otorgado la ciencia miles de años después.

[19] Génesis 1:24.

[20] H. Moose, *In the Beginning: The Bible Unauthorized* (California: Thirty Seven Books, 2001), p. 109.

[21] Génesis 1:25.

[22] Génesis 1:24.

[23] Génesis 1:25.

---

[24] Wilfred Shuchat, *The Creation According to the Midrash Rabbah* (Israel: Devora Publishing, 2002), p. 266.

[25] (i) Después de la creación de Adán, se nos revela que se le ordena *"Sed fecundo y multiplicaos, y henchid la tierra..."* [Génesis 1:28]. El momento preciso de esta bendición no aparece en la referencia del Talmud en el Día 6 [Babylonian Talmud, Sanhedrín 38b].

(ii) Michael Friedlander, *Pirkê de Rabbi Eliezer* (Illinois: Varda Books, 2004), Capítulo 12, "El Santo, Bendito Sea, plantó un Jardín en el Paraíso denominado Edén, y dispuso allí doce palios nupciales" "Y ¿qué hace el celebrante? Se pone de pie y bendice a la novia bajo el baldaquino. Pues de la misma manera el Santo, Bendito Sea, se puso en pie y bendijo a Adán y a su ayuda, como está dicho: "Y Dios los bendijo...' " (Génesis 1:28). Esta descripción de los eventos de la tradición oral establece claramente que Adán y Eva fueron bendecidos en el jardín, y por lo tanto, antes de pecar. Tras el pecado, el Génesis explica claramente que las únicas acciones que ocurren son que Adán y Eva son juzgados y luego expulsados del jardín.

[26] Génesis 1:28.

[27] Génesis 1:25.

[28] Génesis 1:24.

[29] Génesis 1:25.

[30] Génesis 1:25.

[31] Génesis 7:14.

[32] Génesis 2:19–20.

[33] Ramban sobre el Génesis 1:3, discutiendo el comentario de Ibn Ezra.

---

[34]   Génesis 1:22.

[35]   Génesis 1:28.

[36]   Génesis 1:22.

[37]   Génesis 2:19.

[38]   Génesis 1:22.

[39]   Rashi sobre el Génesis 2:4. Ver Rabbi Meir Zlotowitz, *Bereishis, Genesis / A New Translation with a Commentary Anthologized from Talmudic Midrashic and Rabbinic Sources* (New York: Mesorah Publications Ltd., 1977), p. 87.

[40]   Yitzchak Ginsburgh, *Life Sciences: Torah and Taxonomy*, Gal Einai Publication Society.

[41]   (i) Michael Marshall, "Timeline: The Evolution of Life," *New Scientist*, 14 de julio de 2009.

(ii) Para más detalles, ver: Stephen Jay Gould, *The Book of Life: An Illustrated History of the Evolution of Life on Earth*, Segunda edición (New York: W. W. Norton Inc., 2001).

[42]   Stephen Jay Gould, "The Evolution of Life on Earth," *Scientific American*, octubre de 1994, pp. 85-91.

[43]   Génesis 2:20.

Capítulo 9

Extinciones Masivas de Vida en la Tierra

La historia de la vida en la Tierra ha estado marcada tanto por la aparición de nuevas especies como por las extinciones, y en particular, por varias extinciones masivas.

La extinción es el fin de un organismo o grupo de organismos, comúnmente de una especie. Por lo general, se establece con la muerte del último individuo del grupo y de manera retrospectiva, ya que es difícil determinar el momento exacto en que ocurren dado a que la zona geográfica en que se hallan las especies puede ser muy extensa. Las extinciones son muy comunes: la gran mayoría de las especies que han habitado la Tierra ahora están extintas.

Las extinciones ocurren frecuentemente. Se observa una tasa promedio de extinción, denominada tasa de extinción de fondo, cuando se consideran las extinciones ocurridas a lo largo del tiempo y previas a la intervención humana (por ejemplo, se estima de acuerdo a la tasa de extinción de fondo que la desaparición de una especie de aves ocurre cada 400 años). Sin embargo, desde el inicio de la vida en la tierra, han habido varias extinciones que involucran la desaparición de una gran cantidad especies. Estas se denominan eventos de extinción o extinciones masivas. Cada evento de extinción ha ocurrido en un periodo de tiempo relativamente corto, durante el cual el número de especies que se extinguen es significativamente mayor a lo que se esperaría para ese periodo de tiempo de acuerdo a la tasa de extinción de fondo. La última extinción masiva, más conocida por la desaparición de los dinosaurios, fue un evento de extinción a gran escala de especies animales y vegetales, en un periodo geológico corto, hace aproximadamente 65.5 millones de años atrás (Ma). En los últimos 540 millones de años, se estima[1] que han habido cinco extinciones masivas, en que desaparecieron el 50% de las especies animales del momento.

¿Cómo sabemos que ocurrieron estos eventos de extinción?

Como vimos en el Capítulo 3, los restos fósiles nos proporcionan un extraordinario registro de la vida en la tierra. Sin embargo, son pocas las veces en que se producen yacimientos óseos considerables, incluso en las extinciones a mayor escala[2] donde los paleontólogos pudiesen esperar encontrar las últimas instancias de una especie. Ningún paleontólogo aseguraría que un fósil en particular corresponde al último sobreviviente de una especie—ya que la probabilidad de que este último individuo se haya fosilizado, que haya sido descubierto y que se haya recolectado es infinitesimalmente escasa. Sin embargo, la investigación reiterada de los restos fósiles les permite a los científicos corroborar y refinar la evaluación del momento en que una especie se extinguió. Por ejemplo, se puede estar bastante seguro de que una especie se extinguió en el momento o poco antes de cierto tiempo en particular cuando un muestreo intensivo de las rocas más jóvenes no produce resultados correspondientes a miembros de esas especies. Por lo tanto, los restos fósiles nos muestran una cronología detallada de las extinciones, y en particular, de las cinco mayores extinciones de vida en la tierra.

Hasta ahora simplemente hemos descrito lo que se observa en los restos fósiles. Los científicos consideran que las extinciones son eventos naturales (es decir, el efecto de una causa, como un impacto de asteroide). Recientemente, la humanidad ha sido responsable de algunas extinciones (por ejemplo, por la caza indiscriminada y la deforestación), y hay quienes argumentan que estamos en medio de una gran extinción dado a que la vida moderna afecta profundamente el planeta por medio de la contaminación y los desechos. No obstante, las extinciones masivas documentadas históricamente sucedieron antes de la aparición de la humanidad (pero según veremos más adelante, no Adán).

¿Cómo ocurrieron estos acontecimientos naturales? Hay un debate continuo en relación a las causas de las extinciones masivas. El llamado modelo de presión/pulso[3] postula que las extinciones masivas requieren por lo general dos tipos de causas: presión a largo plazo en el ecosistema (presión) y una catástrofe súbita (pulso) hacia el final del periodo de presión. Los disturbios de presión producen una tensión multigeneracional en los ecosistemas, mientras que los disturbios de pulso son súbitos, catastróficos, y causan amplia mortalidad. Un ejemplo de un disturbio de presión es el cambio climático, mientras que el impacto de un asteroide es un ejemplo de un disturbio de pulso.

¿Qué nos dice la Torá respecto a las extinciones? A primera vista, nada. Como vimos en el Capítulo 8, el Génesis parece simplemente describir la aparición de la vida en la tierra. Sin embargo, un examen más detenido del Génesis, la Ley Oral y los comentarios nos revelan una rica cronología de las mayores extinciones de vida en la tierra. Es más, nos revelan que Adán, y posteriormente Eva, tuvieron roles fundamentales en ellas.

Este capítulo expone la causa bíblica y el tiempo de cada uno de las cinco extinciones mayores de vida y compara los tiempos bíblicos con los tiempos obtenidos de la ciencia para estos acontecimientos. Comenzaremos con la extinción más reciente, la que ocurrió como resultado directo del pecado de Adán.

Impacto del Pecado en la Vida Animal y Vegetal—La Última Extinción Masiva

Después de que se le ordena a Adán no comer del Árbol del Conocimiento del Bien y el Mal, los eventos que conducen al pecado (cuando Adán come del fruto del árbol) se desencadenan en un periodo de una hora de la Creación (ver Figura 8.1), lo que corresponde a los últimos 106 millones de años.

Hay cuatro personajes clave con un rol en el pecado de Adán: la serpiente, Eva, la tierra y Adán. En el momento del pecado todo cambia, particularmente para los humanos. El proceso comienza con la serpiente, que convence a Eva de probar el fruto. Ella, a su vez, le insiste a Adán que coma de la fruta. Posteriormente en el relato, cuando Dios juzga a Adán y a Eva, se evidencia que la tierra también tuvo un rol. La Ley Oral nos cuenta que *"ya que no se pronunció* [la tierra, para advertir a Adán] *ante el acto impío* [el pecado] *fue maldita."*[4]

Primero describiremos la naturaleza de la serpiente, y revisaremos las consecuencias del pecado de Adán. Luego explicaremos el efecto de las consecuencias en la vida animal y vegetal. Estos efectos y sus tiempos, obtenidos a partir de la Torá, serán comparados con el conocimiento científico respecto de los mismos acontecimientos y sus correspondientes tiempos.

La Serpiente

La serpiente es una culebra con patas que no habla con voz humana. En hebreo se le denomina *nachash*,[5] que es la misma palabra que utiliza generalmente esta lengua en el relato de la Torá para describir a las serpientes comunes y corrientes. Por lo tanto, no hay un nombre especial para la serpiente de la historia de Adán y Eva que la distinga de otras serpientes mencionadas posteriormente. Es más, el castigo de la serpiente por su participación en el pecado se incluye en el pasaje: *"sobre tu vientre caminarás…"*[6] lo que indica que originalmente tenía patas, y que le fueron removidas posteriormente. Los comentarios explican que antes del pecado de Adán, él y Eva podían entender lo que los animales hablaban, y que la serpiente se comunicó con Eva en su propio lenguaje, o a través de sus actos.[7] pruebas adicionales de que la serpiente no hablaba con una voz humana al hacer una comparación del texto del Génesis *"y dijo a la mujer..."*[8] con el único otro pasaje bíblico que describe a un animal que habla. En Números, el texto *"Dios abrió la boca de la burra, que dijo a Balaam..."*[9] describe a una burra parlante, a quien, en un milagro inusual, le es conferida la habilidad de hablar.[10] La historia de Balaam ocurre mucho después del pecado, cuando los humanos no pueden entender a los animales a menos que ellos hablen con voz humana.

Aunque hay descripciones mucho más complejas de la serpiente, el consenso de los comentarios coincide con lo descrito anteriormente.[11] La serpiente era en un inicio una culebra normal con patas.

Consecuencias y Juicios

Tras el pecado de Adán, Dios descendió al Jardín del Edén, juzgó a Adán y a Eva, y les comunicó las consecuencias de sus roles a la serpiente y a la tierra.

En el caso de Adán y Eva, Dios dialogó con cada uno de ellos de forma separada para descubrir lo que había sucedido, y basado en sus explicaciones, pronunció su sentencia (tras el pecado)[12]. Este proceso lógico de consecuencia sigue el debido progreso de quebrantar la ley, someterse a un interrogatorio respecto a las circunstancias y las razones de los hechos, y recibir una sentencia acorde. La serpiente y la tierra no son juzgadas; Dios no dialoga con ellas, sino que simplemente establece las consecuencias naturales a raíz de sus actos. A diferencia de las consecuencias lógicas, las consecuencias naturales ocurren inmediatamente (por ejemplo, cuando uno sale al exterior sin abrigo, siente frío). En el caso de la serpiente—pierde sus patas y debe arrastrarse sobre su vientre. En el caso de la tierra—es maldita.[13] Estas consecuencias naturales surtieron efecto en el momento en que sucedió la acción o falta de acción,[14] antes del pecado en sí.

La consecuencia natural de la tierra es la maldición, que comienza inmediatamente tras su omisión. A pesar de que esta maldición es compleja, hay ciertos detalles que se desprenden de las palabras de Dios a Adán.[15]

> *Al hombre le dijo... maldito sea el suelo por tu causa: con fatiga sacarás de él el alimento todos los días de tu vida. Espinas y abrojos te producirá, y comerás hierba del campo. Con el sudor de tu frente comerás el pan...*

Los comentarios interpretan el significado de estas palabras: *"maldito sea el suelo por tu causa"*—lo que quiere decir que la tierra producirá cosecha, pero solo en escasa medida—y muchas semillas plantadas no germinarán nunca;[16] *"con fatiga sacarás de él el alimento,"* que significa que la tierra no producirá nada espontáneamente—sino que requerirá de trabajo para conseguir resultados;[17] *"Espinas y abrojos te producirá"* —que significa que cuando al plantar, la tierra producirá plantas que requieren preparación para ser comestibles (antes el alimento era inmediatamente comestible);[18] *"comerás hierba del campo,"* lo que quiere decir que estaremos forzados a comer hierbas en vez de los frutos del jardín.[19] Por consiguiente, la maldición de la tierra tiene un impresionante impacto en la vida vegetal, y particularmente, en los árboles.

Impacto en la Vida

En resumen, la Torá nos explica que hace aproximadamente 100 millones de años, solo habían serpientes con patas, y que la tierra tenía un Jardín del Edén particular para la vida vegetal. Entonces, en algún momento durante la hora anterior al pecado (es decir, entre 100 Ma y 5.775 años atrás), las culebras se hicieron abundantes y la vida en la tierra cambió drásticamente.

Los restos fósiles concuerdan, e indican que hace más de 100 millones de años no habían culebras de tierra, solo lagartos. Los lagartos tienen patas y son los animales que más se parecen a ellas. Existen pocos restos fósiles de culebras. La teoría científica más aceptada sugiere que evolucionaron a partir de una familia de lagartos que perdió sus patas,[20] y que las serpientes modernas proliferaron hace aproximadamente 55 a 65 Ma.

Durante el mismo periodo de tiempo, la tierra experimentó una extinción considerable de vida vegetal[21] y una extinción extremadamente significativa de vida animal (denominada extinción masiva del Cretácico–Terciario, conocida por la extinción de los dinosaurios). Los científicos teorizan[22] que esta extinción fue causada por uno o más eventos catastróficos (impactos de asteroides y/o vulcanismo), que desencadenaron un efecto dominó; una ausencia de luz solar que resultó en un cambio drástico de la vida vegetal, lo que a su vez causó la extinción de un gran número de animales herbívoros (los que no se pudieron adaptar a los nuevos tipos de plantas), y consecutivamente, la extinción de muchos animales carnívoros (los que no se pudieron adaptar a las diferentes fuentes de comida animal).

Las descripciones del proceso de extinción que nos da la ciencia y la Torá concuerdan que este comenzó con un cambio drástico en la vida vegetal. La Torá es clara al expresar que el cambio de la vida vegetal tuvo su raíz en una maldición a la tierra. Los científicos han concluido que este cambio fue causado por un impacto de asteroide. No existe nada en el Génesis que nos revele si acaso Dios empleó algún otro acontecimiento natural (como podría ser un impacto de asteroide) para llevar a cabo esta maldición de la tierra.

El relato de la Torá sobre la pérdida de las patas de la serpiente y el cambio drástico de la vida vegetal en la tierra nos conducen a los mismos acontecimientos que se registran gracias a los restos fósiles—una gran extinción con un cambio total en la vida vegetal y animal y la aparición de culebras, una especie diversa y muy próspera, todo lo que ocurrió hace aproximadamente 55-65 Ma, o alrededor de media hora iniciado el relato del pecado.

Impacto en la Vida de la Caída de Adán en el Pecado: Los Cuatro Primeros Eventos de Extinción

La relación entre las acciones de Adán y el bienestar de la vida en la tierra son descritas en instancias específicas en Génesis 2 y 3 (Adán rezó, llovió, y las plantas crecieron,[23] y Adán pecó y la tierra fue maldita[24]) y son ejemplos específicos de la relación central y eterna entre las acciones de la humanidad y el bienestar de la tierra. Esta relación se describe explícitamente en el Deuteronomio y se incluye en una plegaria diaria central al Judaísmo (el Shemá):

> *Y será, si cumplen diligentemente los mandamientos que hoy les prescribo…que haré llegar la lluvia en tu tierra a su tiempo… También daré en tu campo para tu ganado, y de él comerás…[25] Cuiden que su corazón no se descarríe apartándolos para servir a otros dioses… se encenderá la ira del Eterno contra ustedes e impedirá que el cielo les traiga la lluvia y que la tierra les de su fruto…[26]*

La anterior, junto con otras secciones de la Torá nos cuenta que los humanos afectan el clima y la vida vegetal, y que pueden mejorar o destruir la vida en la tierra por medio de las acciones humanas (tanto espirituales como físicas).[27] Hoy en día, es difícil evaluar las acciones combinadas de la humanidad. Sin embargo, durante el Día 6 la situación era clara: la humanidad era Adán y Eva, y cada una de sus acciones negativas afectaban la tierra. Estas consecuencias negativas en el clima del planeta y la vida vegetal tuvieron un gran impacto en la vida animal y por ende deben corresponder a las extinciones de vida que se registran en los restos fósiles.

El pecado de comer del Árbol del Conocimiento del Bien y el Mal, llamado el pecado primordial (original) en el resto de este capítulo, resultó ser la consecuencia final de varios eventos negativos. Primero describiremos estos eventos negativos conducentes al pecado primordial de Adán, y luego los compararemos con los tiempos de las cuatro extinciones masivas de vida en la tierra (sin considerar la extinción K/T).[28]

Como veremos, los ángeles desempeñan un rol en esta historia. Por esto, nos desviaremos un poco del tema para conocer algunos de sus antecedentes. ¿Acaso existen estos entes sobrenaturales? ¿Se mencionan en el Génesis? Se evidencia que se remontan al Libro del Génesis, donde leemos sobre los ángeles que llaman a Abraham al sacrificio de Isaac con el fin de terminar el sacrificio humano; los ángeles que aparecen en el sueño de Jacob, la lucha de Jacob con el ángel; y muchos otros recuentos de las interacciones entre ángeles y humanos.

Un ángel[29] es un ente spiritual sin características físicas. La palabra hebrea para ángel es *malach*, que significa mensajero, ya que los son los mensajeros de Dios, enviados para realizar varias misiones. Cada ángel está programado para realizar ciertas tareas: el arcángel Miguel es enviado con misiones que representan la bondad de Dios, mientras que por ejemplo, la obligación de Rafael es sanar. Algunos ángeles son creados para realizar una tarea específica y cuando la llevan a cabo dejan de existir. Los ángeles fueron creados al segundo día,[30] y Dios habló con ellos cuando decidió crear a los humanos al sexto día.[31]

Por lo tanto, los ángeles tienen un rol fundamental en la Escrituras, y como veremos, en los eventos que conducen al pecado primordial.

Eventos Conducentes a la Caída de Adán

Los Sabios nos enseñan que, *"La envidia, la codicia* [deseo excesivo] *y la ambición* [o falta de humildad y pudor] *sacan al hombre del mundo* [es decir, hacen que peque]."[32] La Ley Oral prosigue desarrollando la idea de que *"los tres pecados nombrados* [anteriormente] *provocan el pecado* [primordial] *y el castigo de Adán y Eva."*[33]

Los eventos que condujeron al pecado primordial ocurrieron en cuatro pasos. Los primeros tres pasos fueron dados por Adán, y el último también por Eva. Sin embargo, los ángeles tuvieron un rol fundamental en los dos primeros.

Cada paso será descrito y datado de acuerdo al Génesis. Estas fechas serán luego comparadas con las que se han establecido a partir de los restos fósiles para los eventos de extinción. El tiempo de los acontecimientos del Día 6 se da por hora. Sin embargo, como veremos, se pueden calcular como horas parciales. Utilizaremos las siguientes aproximaciones: poco después (o antes) de la hora, correspondientes a 6 a 12 minutos después (o antes) de la hora, que a su vez representan 10-20 MY de Tiempo Humano (ver Tabla 5.2), y a mitad de la hora, o alrededor de 30 minutos pasado la hora, lo que corresponde a 50-55 MY en Tiempo Humano.

Honra Hacia Adán

Como se analizó a cabalidad en el Capítulo 5, Adán es retratado por la mayoría como un hombre similar al de hoy en día. Sin embargo esto no es así; antes del pecado Adán no se parecía en nada a nosotros, ni física ni espiritualmente. Tras cometer el pecado fue reducido enormemente y se convirtió en algo parecido a lo que nos imaginamos.

De hecho, antes del pecado, los ángeles pensaban que era una deidad: *"cuando fue creado, los ángeles erraron* [pensando que era un ente divino] *y quisieron cantar 'Santo' ante él."*[34] Tomando esto en cuenta, y el hecho de que la ambición o la honra hacia él lo llevaron a su pecado, Rashi nos explica que "la honra que los Ángeles le concedieron a Adán fue lo que lo llevó a su perdición."[35]

A Adán se le infunde su alma Divina en la Hora 4 (ver Figura 8.1), y fue completado y se puso de pie en la Hora 5. Los ángeles participaron en la formación de Adán, por lo que deben haberse percatado de su grandeza en el proceso de su Creación y formación. Se dieron cuenta de ello después de que fuera infundido con su alma Divina y probablemente cerca de su finalización, es decir justo antes del fin de la Hora 5. El fin de esta hora corresponde a 426 Ma (ver figure 8.1), y justo antes del fin de esta hora corresponde a 436 a 446 Ma.

Envidia Hacia Adán

Una vez que Adán estuvo completo, se nos relata que la vegetación comenzó a crecer y que Adán prosiguió a denominar a los animales. Hay algunas diferencias de opinión en los comentarios en relación al momento en que Adán ingresa al Jardín del Edén: (i) después de la Hora 5, cuando se está haciendo y plantando el jardín, o (ii) justo antes del pecado, cuando se le ordena no comer el fruto. Claramente, los animales que Adán nombró tenían que comer, por lo que es lógico que los eventos de la Hora 6 hayan ocurrido en el Jardín del Edén mientras este se desarrollaba. Rashi concuerda con esta visión, ya que argumenta que Dios puso a Adán en el jardín antes de que lo pusiera a dormir.[36] Este sueño profundo es parte de la Creación de Eva en la Hora 7; por lo que Adán fue puesto en el jardín antes de este momento. Una vez que Adán estuvo en el jardín, la Ley Oral nos cuenta que *"los Ángeles envidiaron el gran honor y placer que Adán experimentó en el Jardín del Edén, y resultado de ello causaron la Tentación Perversa en la forma de la serpiente para seducirlo."*[37]

Esta envidia (la Caída) ocurrió durante la Hora 6, ni al inicio ni al fin, quizás a mediados de la hora, o 370 a 375 Ma (ver Figura 8.1), 426 Ma menos alrededor de 50 a 55 MY.

El Deseo Excesivo de Adán

Mientras Adán ponía nombre a los animales, *"no encontró una ayuda adecuada."*[38] La Hora 7 describe la formación de Eva como una compañera para Adán. El texto relata que Adán se sumió en un profundo sueño, que Eva fue hecha de su costilla, y que luego (en una forma similar a los animales) fue llevada ante él.[39] En este punto Adán, tras haber soñado con Eva mientras dormía,[40] no tuvo paciencia debido a su gran deseo por ella. "Adán y Eva originalmente debieron esperar hasta el Shabat [el final del Día 6] para tener relaciones conyugales. La Cábala explica que la esencia del pecado estuvo en que no esperaron el momento apropiado para consumar su matrimonio.[41]

Este deseo excesivo (la Caída) debió ocurrir una vez que Eva fue llevada ante Adán, seguramente poco después de la mitad de la Hora 7, ya que la formación de Eva fue un proceso complejo. La mitad de la Hora 7 corresponde a alrededor de 265 Ma (ver Figura 8.1), es decir, 320 Ma menos 55 MY o más.

La Impudicia de Adán y Eva

Cuando Adán y Eva consumaron su matrimonio, lo hicieron de manera impúdica, otro tropiezo más en su caída. "Si Eva hubiese sido digna, habría encarnado el atributo del pudor... inconsciente de la necesidad del pudor como aceptación de su naturaleza incognoscible esencial, su unidad trascendente. Adán y ella cohabitaron al aire libre; sabían que eran observados por los animales [ver Talmud babilónico, Niddah 17a]... Su caída [la de Eva] continuó con la impúdica conversación con la serpiente..."[42]

Después de la formación de Eva en la Hora 7, Caín y Abel nacen en la Hora 8. Entonces, el acto *impúdico* debió suceder muy temprano en la Hora 8. Los inicios de esta hora corresponden a 213 Ma (ver Figura 8.1) y el nacimiento en la Hora 8 corresponde entonces a alrededor de 203 Ma (10 MY después).

Extinciones Masivas Descubiertas por la Ciencia

Un evento de extinción es una disminución aguda de la diversidad y abundancia de vida macroscópica. Los restos fósiles nos muestran un nivel de fondo de la extinción de especies así como de las nuevas que han aparecido desde que comenzó la vida macroscópica con la explosión Cámbrica. Sin embargo, hay cortos periodos en los que hay una cantidad de extinciones considerablemente mayor a la del nivel general de fondo. El consenso general[43] es que han habido cinco grandes eventos de extinción masiva, lo que incluye el evento K/T descrito anteriormente.

La Tabla 9.1 resume los eventos que llevaron al pecado y compara sus tiempos con los tiempos estimados de la ciencia para las cuatro extinciones masivas (sin considerar el evento K/T).

Tabla 9.1 Eventos que Conducen al Pecado y Extinciones Masivas Correspondientes

Tiempo de Creación	Evento de la Creación	Evento de la Caída	Tiempo Humano	Evento de Extinción Científico
Hora 5	Adán se puso de pie	Honra hacia Adán. Antes del inicio de la hora.	436–446 Ma	Ordovícico-Silúrico 440-450 Ma
Hora 6	Adán entró al Jardín	Envidia hacia Adán. Mitad de la hora.	370–375 Ma	Devónico 360-375 Ma
Hora 7	Eva es llevada ante Adán	Deseo excesivo de Adán. Mitad de la hora.	Después de 265 Ma, mucho antes de 220 Ma	Pérmico-Triásico 251 Ma
Hora 8	Nacen Caín y Abel	Impudicia de Adán y Eva. Comienzo de la hora.	213–203 Ma	Triásico-Jurásico 205 Ma

La evidencia de los restos fósiles y del relato del Génesis concuerda casi perfectamente en lo que respecta a los tiempos de las extinciones masivas. Sin embargo, como ocurre con la aparición de la vida en la Tierra, la manera en que la ciencia y el Génesis describen su mecanismo es distinta. Por un lado, los científicos han concluido que las extinciones se produjeron por acontecimientos naturales. Por otra parte, la Torá los vincula al comportamiento de la humanidad. Hoy en día, la humanidad es probablemente responsable de una gran cantidad de extincio-nes, producto de la contaminación, la deforestación y otras consecuencias del emprendimiento humano. Si bien estas extinciones se correlacionan con nuestras acciones físicas en el planeta, la Torá argumentaría que tienen su explicación en nuestro distanciamiento de los Mandamientos (muchos de los cuales prohibirían algunas de las acciones que tienen consecuencias destructivas en el planeta).

Hemos visto que los tiempos de la aparición y extinción masiva de vida en la tierra que se desprenden del Génesis y de los restos fósiles tienen una extraordinaria correlación. Sin embargo, la historia de la vida en la tierra no estará completa sino hasta que examinemos a la humanidad en el próximo capítulo.

---

[1]   (i) David M. Raup y J. John Sepkoski Jr., "Mass Extinctions in the Marine Fossil Record," *Science*, v.215 No. 4539, 19 de marzo de 1982, pp.1501-1503.

(ii) John Alroy, "Dynamics of Origination and Extinction in the Marine Fossil Record," *The National Academy of Sciences of the USA*, 105 Suplemento_1, (12 de agosto de 2008), pp.11536–11542.

[2]   Paul D. Taylor, editor, *Extinctions in the History of Life* (Cam-bridge University Press, 2004).

[3]   Arens, N. C., West, I. D., "Press-Pulse: A General Theory of Mass Extinction?" *Paleobiology* v. 34 (2008), p. 456.

[4]   Michael Friedlander, *Pirkê de Rabbi Eliezer* [parte de la ley oral], (Illinois: Varda Books, 2004), p. 116.

[5]   Génesis 3:1.

[6]   Génesis 3:14, Rashi explica que "la serpiente originalmente tenía patas que le fueron removidas."

---

[7] Rabbi Meir Zlotowitz, *Bereishis, Genesis / A New Translation with a Commentary Anthologized from Talmudic Midrashic and Rabbinic Sources* (New York: Mesorah Publications Ltd., 1977), p. 114.

[8] Génesis 3:4.

[9] Números 22:28.

[10] Ramban sobre Números 22:28.

[11] Rabbi Meir Zlotowitz, *Bereishis, Genesis / A New Translation with a Commentary Anthologized from Talmudic Midrashic and Rabbinic Sources* (New York: Mesorah Publications Ltd., 1977), p. 114.

[12] Génesis 3:11-13.

[13] Génesis 3:17.

[14] Se puede ilustrar por medio del siguiente ejemplo. Si una persona va a escalar una montaña de altitud elevada cuando hace frío y no protege sus dedos apropiadamente, inmediatamente comienzan a enfriarse, luego a congelarse, y posteriormente, se caen. La pérdida de los dedos es una consecuencia natural de no haber tomado las medidas necesarias para protegerlos. La consecuencia natural es inmediata; comienza en el minute en que no se protegen los dedos, y se manifiesta completamente cuando estos se caen. De la misma forma, la consecuencia natural del acto de la serpiente, la pérdida de sus patas, se establece y se desarrolla en el tiempo, antes de que ocurra el pecado.

[15] Génesis 3:17.

[16] Rabbi Meir Zlotowitz, *Bereishis, Genesis / A New Translation with a Commentary Anthologized from Talmudic Midrashic and Rabbinic Sources* (New York: Mesorah Publications Ltd., 1977), Ibn Ezra; Radak, p. 132.

---

[17]   Ibid. Midrash Aggadah; Radak, p. 133.

[18]   Ibid. Rashi, p. 133.

[19]   Ibid. Radak, p. 134.

[20]   Sebastián Apesteguía y Hussam Zaher, "A Cretaceous Terrestrial Snake with Robust Hind Limbs and a Sacrum," *Nature* 440 (20 de abril de 2006), pp. 1037-1040. Este artículo describe un fósil recientemente descubierto de una serpiente con patas traseras robustas y una región sacra que permitía su articulación con la columna vertebral. Esta es probablemente la serpiente más primitiva que se conozca, y su anatomía sugiere el origen terrestre y excavador de las serpientes, descendientes de los lagartos.

[21]   (i) Peter Wilf y Kirk R. Johnson, "Land Plant Extinction at the End of the Cretaceous: A Quantitative Analysis of the North Dakota Megafloral Record," *Paleobiology* v.30 No.3 (Septiembre de 2004), pp.347-368; explica que la extinción K/T se asocia a la pérdida de casi todas las especies dominantes, una baja significativa de la abundancia de especies, y sin recuperación posterior. La pérdida de 1/3 a 3/5 de las especies vegetales respalda una situación hipotética del colapso súbito del ecosistema.

(ii) Vivi Vajda, J. Ian Raine y Christopher J. Hollis, "Indication of Global Deforestation at the Cretaceous-Tertiary Boundary by New Zealand Fern Spike," *Science* v.294 No. 5547, 23 noviembre de 2001, pp. 1700–1702; explica que el efecto devastador en los grupos de plantas terrestres del límite Cretácico-Terciario fue a nivel global.

[22]   Peter Schulte, et al., "The Chicxulub Asteroid Impact and Mass Extinction at the Cretaceous-Paleogene Boundary," *Science* v.327 No. 5970, 5 de marzo de 2010, pp. 1214–1216.

---

[23]   Génesis 2:5.

[24]   Génesis 3:17.

[25]   Deuteronomio 11:13-15.

[26]   Deuteronomio 11:16,17.

[27]   La razón por la que la humanidad ha afectado tanto la tierra es debido a que fue creada por nuestra causa. Si los humanos no logran la bendición de Dios, no hay necesidad de que exista el resto de la creación. Es por esto que la humanidad debe protegerse de perder la bendición de Dios. El sufrimiento de la tierra es una consecuencia natural de las acciones de la humanidad. Esta relación se ilustra al pensar en la humanidad como un ejecutivo bancario y en la tierra como el banco. Si el ejecutivo toma malas decisiones, el banco se hace débil financieramente. En algún punto, si el ejecutivo se excede, es llevado ante la justicia y se le juzga. Cualquiera sea el castigo que se le imponga al ejecutivo, este no tiene mayor efecto en el banco, puesto que ya está hace tiempo a la baja y sus bienes se han consumido.

[28]   (i) David M. Raup y J. John Sepkoski Jr., "Mass Extinctions in the Marine Fossil Record," *Science*, v.215 No. 4539, 19 de marzo de 1982, pp.1501-1503.

(ii) John Alroy, "Dynamics of Origination and Extinction in the Marine Fossil Record," *The National Academy of Sciences of the USA*, 105 Suplemento 1, (12 de agosto de 2008), pp. 11536–11542.

[29]   Ludwig Blau, Kaufmann Kohler, Angelology, 2002, Jewish Encyclopedia.com.

[30]   Michael Friedlander, *Pirkê de Rabbi Eliezer* (Illinois: Varda Books, 2004), capítulo 4.

---

[31] (i) Targum Yonasan sobre Génesis, 1:26, "y dijo Dios a los Ángeles que sirven ante Él, que fueron creados al segundo día de la creación del mundo: 'Hagamos al hombre...' "

(ii) Génesis Midrash Rabbah 3:11.

[32] Rabbi Moshe Lieber, *Ethics of our Fathers* (New York, Mesorah Publications Ltd, 2003) iv. 28, palabras entre paréntesis añadidas por el autor.

[33] Michael Friedlander, *Pirkê de Rabbi Eliezer* [parte de la ley oral], (Illinois: Varda Books, 2004), p.108, 2 nota al pie de página.

[34] Midrash, Rabbi Meir Zlotowitz, *Bereishis, Genesis / A New Translation with a Commentary Anthologized from Talmudic Midrashic and Rabbinic Sources* (New York, Mesorah Publications Ltd., 1977), p. 13.

[35] Rabbi Moshe Lieber, *Ethics of our Fathers* (New York, Mesorah Publications Ltd, 2003), Notas al pie de página iv 28.

[36] Rashi sobre Génesis 2:8.

[37] Rabbi Moshe Lieber, *Ethics of our Fathers* (New York, Mesorah Publications Ltd, 2003), Notas al pie de página iv 28.

[38] Génesis 2:20.

[39] Génesis 2:21-23.

[40] Génesis Rabbah 18:4.

[41] Yitzchak Ginsburgh, *The Mystery of Marriage* (Israel: Gal Einai Publication Society, 1999), p. 315.

[42] Yitzchak Ginsburgh, *The Mystery of Marriage* (Israel: Gal Einai Publication Society, 1999), pp. 394-395.

---

[43] (i) David M. Raup and J. John Sepkoski Jr., "Mass Extinctions in the Marine Fossil Record," *Science,* v.215 No. 4539, 19 de marzo de 1982, pp.1501-1503.

(ii) John Alroy, "Dynamics of Origination and Extinction in the Marine Fossil Record," *The National Academy of Sciences of the USA*, 105 Suplemento 1, (12 de agosto de 2008), pp.11536–11542.

Capítulo 10

La Humanidad

¿Cuál es el origen de nuestra especie?

¿Cuándo aparecieron los humanos en la tierra? ¿y en qué momento se difundió nuestra especie por el planeta?

El Génesis nos da una respuesta definitiva a la primera pregunta. Sin embargo, no nos brinda mayor información en relación a los inicios de la humanidad en general. El relato prosigue a instruirnos sobre la vida de algunos personajes clave (como Caín y Abel) con el fin de entregarnos enseñanzas morales y guías para el crecimiento espiritual.

Los científicos, por otra parte, han estudiado estas interrogantes en gran detalle y han conseguido ciertas respuestas que continúan refinándose y desarrollándose.

La humanidad es un tema bastante amplio. Este capítulo nos proporciona solo una descripción general del relato del Génesis y un resumen de los hallazgos científicos a modo de ilustrar sus concordancias y discrepancias; aunque describiremos el proceso por el cual surge la humanidad, tal como en el resto del libro el enfoque está puesto en la cronología de la aparición de la humanidad.

La Perspectiva del Génesis

Comenzamos este capítulo con el Génesis y Adán, quien originalmente fue formado con características masculinas y femeninas (y luego fue separado en Adán y Eva) a partir de dos componentes: (1) un cuerpo que fue hecho *"con polvo del suelo"*[1] (de manera similar al resto de los animales), y (2) un alma cuando se *"insufló en sus narices el aliento de la vida."*[2] Como analizamos en el Capítulo 5, Adán no se parecía nada a los humanos modernos, ni física ni espiritualmente. Y según lo examinado en el Capítulo 8, él vivió por cientos de millones de años. No obstante, el Génesis nos señala claramente que somos los descendientes de Adán y Eva.

La Torá es clara al señalar que a consecuencia del pecado, Adán cambió drásticamente tanto física como espiritualmente, y que se convirtió en algo similar a lo que somos hoy. Los Pirkê de Rabí Eliezer nos dan una descripción gráfica del antes y después de Adán:

> *¿Cuál era el vestido del primer hombre? Una piel de uña y una nube de gloria lo cubrían. Cuando él comió de los frutos del árbol, la piel de uña fue desvestida desde él y la nube de la gloria se marchó desde él y se vio desnudo. Disminuyó su fuerza por la impureza de la polución y disminuyó su estatura... siembra trigo y recoge espinas, y la hierba del campo es su comida, como la de los animales. Obtiene su pan con ansiedad y su sustento con sudor. Y después de todo esto, la muerte.*[3]

A pesar de los drásticos cambios que experimentó, fue Eva quien trajo la muerte humana al mundo. Ella fue la primera en comer del fruto, y el probarlo desencadenó la consecuencia natural de la muerte en el mundo, como lo dice el Génesis: *"el día que comieres de él, morirás sin remedio."*[4] De hecho, el nombre de Eva (en hebreo) estaba destinado a ser Chayah, que significa "alma viviente" y tiene como connotación la vida eterna. Tras el pecado, Adán la llamó "Chavah," que significa "madre de la vida mortal."[5] El Midrash explica cómo Eva trajo con su pecado la consecuencia de la muerte: *"Empezó a llorar y a lamentarse para persuadir a Adán a que diera el triste paso. Aún no satisfecha, ofreció del fruto a todos los demás seres vivientes, para que también ellos estuvieran sujetos a la muerte."*[6]

¿Quiénes fueron estos otros seres vivos? Como hemos visto en la cronología de la Creación (refiérase a la Figura 8.1), Adán y Eva tuvieron relaciones conyugales al menos una hora antes del pecado, y la concepción y el nacimiento que ocurrieron antes del pecado fueron inmediatos e indoloros.[7] No solo concibieron a Caín y a Abel, sino que como lo explica Rashi, también dieron a luz a tres niñas, *"hermanas,"* compañeras perfectas para Caín y Abel.[8] Más allá de este acto de procreación, el texto es claro al señalar que Adán y Eva tenían la misión de comenzar la humanidad y de difundirla por la tierra: *"Sed fecundos y multiplicaos y henchid la tierra y sometedla..."*[9] Esta bendición les es dada antes del pecado,[10] y dado que un minuto antes del pecado corresponde a más de 1.5 millones de años, disponían de mucho tiempo para multiplicarse y extender la humanidad por medio de sus descendientes.

La siguiente información acerca del progreso de la humanidad que nos da el Génesis está en el Capítulo 4, justo después del relato de la Creación, con la descripción de las ocupaciones de los dos primeros hijos de Adán y Eva, Caín y Abel: *"Fue Abel pastor de ovejas y Caín labrador"*[11] y luego *"Estaba* [Caín] *construyendo una ciudad..."*[12] Entonces, hace 5.775 años, la humanidad ya había domesticado animales, practicaban la agricultura y construían ciudades.

En conclusión, el relato del Génesis establece lo siguiente en relación a la humanidad:

1. Los humanos son una Creación especial que consiste de un cuerpo y un alma Divina. Sin esta alma Divina, los humanos serían como los animales;

2. La humanidad desciende de unos pocos individuos: Adán, Eva, y sus hijos;

3. La procreación y reproducción de la humanidad comenzó antes del pecado; la muerte humana también comenzó antes del pecado;

4. Antes del pecado, se le ordenó a los humanos extenderse a lo largo y ancho de la tierra y a poblarla; y

5. Finalmente, una vida más moderna, que incluye la agricultura, los animales domésticos y el asentamiento urbano, comenzó hace 5.775 años.

Además, se debe destacar que nada en el Génesis descarta la existencia de animales similares a los humanos[13] sin alma Divina, lo que incluiría y constaría de las otras especies de *Homo*.

La Perspectiva Científica

¿Qué ha revelado la investigación científica en relación al origen de la humanidad?

El estudio científico de los restos fósiles ha demostrado que el género *Homo* (que se define como la clasificación biológica que consta de un grupo de especies) incluye a los humanos modernos y las especies cercanas a ellos, que aparecieron en la tierra hace más de 2 millones de años. Si bien la teoría de la evolución postula que otras especies de *Homo* pudieron ser ancestros del *Homo sapiens* (los humanos modernos); muchos fueron probablemente nuestros "primos", que evolucionaron una dirección distinta a la línea ancestral del *Homo sapiens*. Hoy en día, nosotros, los humanos modernos conocidos como *Homo sapiens*, somos los únicos sobrevivientes de las especies *Homo*, y las otras formas se extinguieron con el paso del tiempo, culminando con la desaparición de los Neandertales hace 30.000 años.

La primera aparición de los humanos modernos en los restos fósiles nos remonta a África, hace 195.000 años.[14] Sin embargo, los humanos que exhiben lo que llamaríamos un comportamiento moderno, como el lenguaje, la música, el pensamiento abstracto y alguna forma de creencia religiosa, aparecieron probablemente hacen alrededor de 50.000 años, y se sabe que ya existían hace 10.000 años.[15]

El estudio sobre la difusión de los humanos a lo largo y ancho de la tierra apunta a la teoría, hoy en día aceptada, de que esta diáspora se produjo desde África.[16] Se estima que el éxodo africano ocurrió hace alrededor de 60.000-100.000 años. Posteriormente, los humanos modernos se esparcieron por todos los continentes, reemplazando a las especies de *Homo* anteriores, y llegaron a América hace al menos 14.500 años. Estudios recientes de ADN[17] de personas provenientes de todo el mundo han revelado que los humanos de hoy descendieron a partir de un pequeño grupo que vivía en África. ¿Cuán pequeño? Nadie lo sabe. Hasta el momento no hay consenso científico respecto al tamaño real de ese grupo.

Excavaciones arqueológicas muestran que hasta hace 10.000 años, la mayor parte de los humanos vivía en grupos nómades como cazadores-recolectores. La llegada de la agricultura llevó a la formación de asentamientos humanos permanentes, la domesticación de animales, y el uso de herramientas de metal. La agricultura fomentó el comercio y la cooperación, y nos condujo a la formación de una sociedad compleja. Cerca de 6.000 años atrás, los primeros proto-estados se desarrollaron en Mesopotamia, el valle del Nilo y el valle del Indo. Se formaron fuerzas militares para la protección y burocracias gubernamentales para la administración. Los estados cooperaron y compitieron por recursos, a veces librando guerras.

En resumen, la investigación científica establece lo siguiente en relación a la existencia humana:

1. La humanidad evolucionó a partir de especies anteriores, y varias especies de *Homo* coexistieron por algún tiempo. Sin embargo, solo una de ellas sobrevive hoy;

2. La humanidad descendió a partir de un pequeño grupo;

3. La humanidad, con un aspecto consistente al que tenemos hoy, se remonta a 195.000 años atrás. Sin embargo, los que presentan comportamientos modernos son mucho más recientes;

4. La humanidad se extendió a lo largo y ancho de la tierra desde África; y

5. Hace aproximadamente 6.000 años, nuestra especie se asentó en proto-estados y adoptó una forma de vida más moderna.

En conclusión, dejando a un lado la interrogante de la aparición de los humanos modernos (ya sea por medio de la Creación o la evolución; refiérase al primer punto en los resúmenes anteriores), el relato bíblico y el científico son consistentes.

---

[1] Génesis 2:7.

[2] Ibid.

[3] Michael Friedlander, *Pirkê de Rabbi Eliezer* (Illinois: Varda Books, 2004), pp. 113-116.

[4] Génesis 2:17; explicación de Malbim.

[5] Yitzchak Ginsburgh, *Parshat Chukat: Why Is There Death in the World?* Gal Einai Publication Society, pp. 1196-2208.

[6] Rabbi Meir Zlotowitz, *Bereishis, Genesis / A New Translation with a Commentary Anthologized from Talmudic Midrashic and Rabbin-*

ic Sources (New York, Mesorah Publications Ltd., 1977), Midrash, Génesis 3:7, p. 120.

7   Ibid. Midrash sobre el Génesis 4:1, p. 141.

8   Ibid. *Rashi sobre Génesis* 4:2, p. 143.

9   Génesis 1:28.

10   (i) Después de que Adán fue creado, se nos indica que él debe ser *"fecundo y multiplicaos y henchid la tierra* [comenzar la humanidad]…" [Génesis 1:28]. El momento exacto de esta bendición no se nos indica en la referencia del Talmud del Día 6 [Talmud Babilónico, Sanedrín 38b]. Sin embargo, en Génesis 2:25, el último versículo antes del relato del pecado dice que *"estaban ambos desnudos, el hombre y su mujer, pero no se avergonzaban uno del otro."* El comentario Sforno explica que esto significa que cohabitaron con anterioridad al pecado.

(ii) Michael Friedlander, *Pirkê de Rabbi Eliezer* [parte de la ley oral] (Illinois: Varda Books, 2004), capítulo 12: "El Santo, Bendito Sea, plantó un Jardín en el Paraíso denominado Edén, y dispuso allí doce palios nupciales …" and "¿qué hace el celebrante? Se pone de pie y bendice a la novia bajo el baldaquino. Pues de la misma manera el Santo, Bendito Sea, se puso en pie y bendijo a Adán y a su ayuda, como está dicho: "Y Dios los bendijo…' (Genesis 1:28)." Este relato muestra claramente que fueron bendecidos en el jardín. La bendición ocurrió antes del pecado, ya que el relato del pecado lleva directo a la expulsión del jardín.

(iii) Génesis Rabbah 14: "La apariencia de Adán y Eva, justo cuando fueron formados, era la de individuos de veinte años de edad."

11   Génesis 4:2.

¹² Génesis 4:17.

¹³ Gerald L. Schroeder, *The Science of God: the Convergence of Scientific and Biblical Wisdom* (New York: Broadway Books, 1997), capítulo 9.

¹⁴ Paul Mellars, "Why Did Modern Human Populations Disperse from Africa ca. 60,000 Years Ago?" *Proceedings of the National Academy of Sciences* v.103/25 (2006), pp. 9381-9386.

¹⁵ Sandra Scham, "The World's First Temple," *Archaeology* v.61 No. 6 (Nov/Dic 2008).

¹⁶ (i) Chris Stringer, "Human Evolution: Out of Ethiopia," *Nature* 423, pp. 692-695 (12 de junio de 2003).

(ii) Gary Stix, "The Migration History of Humans: DNA Study Traces Human Origins Across the Continents," *Scientific American,* julio de 2008.

¹⁷ (i) Hillary Mayell, "Documentary Redraws Humans' Family Tree," *National Geographic News,* 21 de enero de 2003.

(ii) R.L. Cann, M. Stoneking y A.C. Wilson, "Mitochondrial DNA and Human Evolution," *Nature* 325: 6099 (1987), pp.31-36.

Capítulo 11

Conclusiones

¿Sabías que Dios tiene diferentes nombres?

¿Cuáles son y qué significan? ¿Y acaso no está la esencia de Dios por encima de cualquier nombre? Si, claramente lo está.

Los distintos nombres son las diferentes formas en que Él se revela a sí mismo en la Creación, y en la Biblia Dios tiene muchos.

¿Qué es un nombre? ¿Acaso pensamos en nosotros mismos o nos llamamos por el nombre que nos fue dado? Por lo general, no.

Un nombre es una palabra, o específicamente un título, con el cual el mundo exterior puede referirse a nosotros. A medida que pasa el tiempo nuestro nombre se asocia, por quienes lo usan, con ciertas cualidades o aspectos de nuestra personalidad, como la bondad, la honestidad o la puntualidad. Es más, incluso los seres finitos, como lo somos los seres humanos, recibimos muchos nombres diferentes, por ejemplo papá, doctor, o profesor, y cada uno de ellos destaca un aspecto de nuestra personalidad. Dios es infinito, y aun así recibe distintos nombres específicos en las escrituras que nos dan información valiosa respecto a lo que sucede en esos momentos en la Biblia, ya que nos dicen qué aspecto de su esencia es revelado en esa sección particular del texto.

Repasemos algunos de sus nombres, y luego examinemos qué nombre se utiliza en Génesis Uno, junto con la información y las ideas que este nos transmite.

Los Nombres de Dios

Los nombres de Dios son tan poderosos que el libro caba-lístico Sefer Yetzirah (el libro de la formación, atribuido a Abraham) explica que la Creación del mundo se logró por me-dio la manipulación de las letras sagradas que forman los nom-bres de Dios. También vimos, en el Capítulo 4, que Isaac de Acre (primero en desarrollar los factores de conversión de tiempo) fue un experto en redactar los nombres sagrados, cuyo poder forzó a los ángeles a revelarle los grandes misterios.

En general, hay cuatro categorías de nombres asignados a Dios,[1] pero solo necesitamos analizar los dos niveles superiores con el fin de estudiar el relato de la Creación.

La primera categoría es el nombre esencial YHWH (que se pronuncia Havayah), también conocido como el Tetragráma-ton, que quiere decir nombre de cuatro letras. Havayah es el nombre más sagrado de Dios y el que más se acerca a expresar su esencia en ciertos contextos y dada su santidad especial, no se pronuncia hoy en día. De hecho, solo se pronunciaba dentro del templo sagrado en Jerusalén.

La segunda categoría contiene los nombres que son sagra-dos bajo ley judía. Sagrado significa que un copista profesio-nal de manuscritos (escriba) debe seguir estrictos procedimien-tos cuando escribe el Nombre. Una vez que comienza esta tarea, no se detiene hasta que el Nombre está listo. No debe ser interrumpido mientras lo escribe, ni siquiera para saludar a un rey. Si se comete un error al escribirlo, no se puede borrar, sino que se debe dibujar una línea alrededor del Nombre para mos-trar que es inválido, luego la página entera es sepultada en un lugar destinado a ello y se comienza de nuevo.

Estos nombres sagrados son: Ekyeh (Yo seré quien seré), Kah, Kel, Elokah, Elokim, Tzevakot (Ejércitos), Shakai (To-dopoderoso), Adni (mi Maestro), Akvah, y Ehevi. Cada uno de estos nombres tiene un significado específico. El nombre que se utiliza en un determinado momento nos revela el rol que asume Dios durante ese evento específico en la escritura.

Por ejemplo,[2] el nombre Ekyeh se usa en el Libro del Éxodo. En este libro, Dios redime a los judíos del exilio, que los lleva a su nacimiento espiritual. Por ende, el nombre Ekyeh implica un nuevo nacimiento, o revelación del ser. El nombre Shakai se utiliza principalmente en el Libro de Job, y representa el poder de Dios para cambiar el rumbo de la naturaleza, permaneciendo envuelto en ella. También quiere decir que Él se hace accesible de manera consciente a sus criaturas, independientes de su estado espiritual. El nombre Elokim es el único utilizado en el Génesis, capítulo uno, y por ende analizaremos su significado en detalle a continuación.

El Nombre Elokim

El nombre de Dios Elokim corresponde a su propiedad de juicio estricto. Elokim crea la naturaleza a través del acto del aparente retiro o contracción de la luz infinita de Dios.[3] El nombre Elokim se puede traducir también como "*Amo de todas las fuerzas*"[4] y como "*Divino espíritu de la Ley y el Orden.*"[5] El uso de Elokim indica que las acciones en el relato de la Creación se rigen por la estricta ley y el orden, y que todo lo que ocurrió tuvo que basarse en la causa y el efecto (como lo son los sucesos en la naturaleza).

El paralelo entre Elokim y la naturaleza (haTeva en hebreo) se resalta más a fondo en la Cábala. Como analizamos en el Capítulo 4, cada letra hebrea tiene un valor numérico que contribuye a un valor total para cada palabra. La Cábala nos enseña que si dos palabras tienen el mismo valor numérico, están relacionadas. Elokim y naturaleza tienen el mismo valor numérico de 86, por lo que concluimos que Elokim es la revelación de lo sobrenatural, ya que Dios se hace presente en la naturaleza. Él se manifiesta por medio de su nombre, Elokim, como la esencia interna de la naturaleza y sus leyes,[6] y Él aparece oculto en la naturaleza cuando se utiliza este nombre.

Dado a que este nombre se utiliza en todo el transcurso del Génesis un Código, no nos debería extrañar que el relato de la Creación pueda ser explicado a cabalidad por la ciencia. Analicemos este concepto en mayor detalle a continuación.

Génesis un Código y la Naturaleza

En el transcurso de los capítulos 6 a 9 hemos establecido que la cronología del Génesis[7] y la de la ciencia están sincronizadas en lo que respecta a la formación del universo y a la aparición de la vida en la tierra.

¿Por qué es que hay tal nivel de coincidencia entre el relato sobrenatural religioso y la teoría y observación científica? Por la misma razón que lo sobrenatural permanece en gran parte escondido u oculto dentro de la naturaleza, y la ciencia describe a la naturaleza.

El texto del Génesis utiliza dos palabras distintas para describir las acciones de Dios: Creación y formación. La Creación es el acto divino de hacer algo a partir de la nada. La formación se refiere al acto de tomar una cosa que ya existe y transformarla en otra cosa. La mayor parte del relato de la Creación del Génesis describe eventos de formación.

En Génesis Uno, Dios utiliza el nombre Elokim; por lo tanto, sus acciones en el relato de la Creación se rigen por estricta ley y orden. De este modo, concluimos que lo que ocurrió en Génesis Uno estuvo también basado en la causa y el efecto.

Por consiguiente, cada acto de formación que ocurrió en Génesis Uno debiese parecer una cosa hecha naturalmente a partir de otra sustancia, por medio de la causa y el efecto. Los actos de formación deben ser analizables utilizando las ciencias de la física y la biología, ya que la ciencia es el estudio de los fenómenos naturales basados en la causa y el efecto.

Cualquier acto de Creación—hacer algo a partir de la nada—en que la causa es sobrenatural no debiese ser explicable por medio del método científico, que por definición no contempla las explicaciones que se basan en fuerzas fuera de la naturaleza. Por lo tanto, cuando Elokim utiliza una causa que no es natural para crear algo a partir de la nada, se revela a sí mismo en vez de permanecer oculto tras las leyes y el orden de la naturaleza, y lo que Él crea no se puede explicar completamente por medio este método.

El Génesis uno contiene tres de estos actos de la Creación cuya causa no es natural: (1) la Creación de la materia inicial del universo al comienzo del primer día, (2) la Creación de la vida acuática en el Día 5, and (3) la Creación del componente espiritual del hombre.

Además, el Génesis un Código contiene un acto de formación que es diferente al resto. En general, las formaciones son el acto de moldear una cosa y transformarla en otra en una progresión secuencial. Hay una excepción: la formación de vida. En lo que respecta a ella, el texto del Génesis recalca que cada formación es una especie diferente,[8] una no necesariamente relacionada o formada a partir de otra especie de manera evidente. Entonces, la formación de semejantes especies está más allá de lo que la ciencia describiría como un proceso natural secuencial de causa y efecto.

La gran mayoría de los actos del relato de la Creación son actos de formación de Elokim, el Dios de la causa y el efecto. Estudiar los actos de formación por medio del método científico debería entonces producir teorías certeras. Sin embargo, hay tres excepciones en que la aplicación de este método no ha sido capaz de producir explicaciones completas: (1) el inicio, (2) la primera aparición de vida compleja (Creación de criaturas marinas y la formación de cada especie), y (3) la Creación de la parte espiritual del hombre (su alma Divina). En lo que respecta a estas tres instancias, la causa es sobrenatural o el acto de formación no es de carácter secuencial.

Los científicos han (1) desarrollado la teoría del Big Bang para explicar la cosmología, (2) desarrollado la teoría de la evolución para comprender los orígenes de la vida, y (3) datado y analizado los restos fósiles para documentar la aparición de vida en la tierra. La teoría del Big Bang es una excelente explicación del desarrollo del universo una vez que se seleccionan cierto grupo de condiciones iniciales. Como se indica en el Capítulo 3, los científicos tienen dificultad para explicar cómo es que los parámetros al comienzo del universo se ajustaron de manera tan precisa que trajeron consigo finalmente el universo en el que vivimos hoy. Es exactamente este punto, el inicio del universo, para lo cual la teoría científica no tiene una explicación satisfactoria; eso que la narración cosmogónica del Génesis esclarece como un acto de Creación a partir de la nada.

Los biólogos y los paleontólogos se esfuerzan en explicar los aspectos clave de los restos fósiles: un periodo de tiempo largo entre la vida microscópica y la vida compleja, la súbita aparición de vida muy diversa, y la consecuente aparición de vida adicional sin una progresión completamente lógica. En las palabras de Stephen Jay Gould:

> Tres mil millones de años de unicelularidad, seguidos de cinco millones de años de intensa creatividad (la explosión cámbrica) y consumados por más de 500 millones de años de variación de pautas anatómicas fijas difícilmente pueden ser consideradas como tendencias predecibles, inexorables o continuas hacia el progreso o la creciente complejidad... No sabemos por qué la explosión cámbrica pudo establecer todos los diseños anatómicos principales tan rápidamente. [9]

No es de extrañar que los paleontólogos y los biólogos sean incapaces de explicar estos temas por completo. El Génesis nos señala claramente que la vida fue una Creación a partir de la nada en los océanos, que las primeras formas de vida fueron hechas en tiempos específicos—que coinciden con la explosión cámbrica—y que estas formas de vida fueron hechas específicamente en especies distintas.

Finalmente, la raza humana continúa tratando de entender los atributos especiales de la humanidad. Por medio de la aplicación del método científico se ha descubierto que el diseño del cuerpo humano es similar al de otros animales (especies), pero no ha revelado la raíz de los comportamientos modernos y las características de la especie humana. El Génesis explica que el alma Divina, que le otorga a la humanidad sus características particulares, fue infundida como una Creación a partir de la nada. El cuerpo, por otra parte, fue formado por un proceso similar al que se utilizó para formar los cuerpos de los animales.

La utilización de un código—el código del Génesis un Código—para estudiar la formación del universo y la aparición de la vida en la tierra por medio de las escrituras y el método científico con el fin de comparar tiempos y acontecimientos nos da una perspectiva única al momento de reflexionar sobre nuestros orígenes. Si bien la ciencia es capaz de enriquecer enormemente el relato del Génesis con muchos detalles, conocimientos y leyes naturales, el Génesis alumbra los eventos que la ciencia considera desafiantes, recalcando que estos ocurren precisamente cuando suceden fenómenos más allá de lo que es aparentemente natural.

El Zohar, que apareció hace alrededor de 800 años, profetiza:

En el año seiscientos del sexto milenio, se abrirán los portales de la sabiduría celestial, así como las bajas Fuentes de sabidu-

ría. Entonces, todo el mundo se preparará a entrar al séptimo milenio...[10]

El Rebe de Lubavitcher[11] nos explica lo siguiente en relación a este verso:

> A partir del año 5.600, o 1840 de acuerdo al calendario secular, las aguas inferiores y superiores se liberaron. Las aguas inferiores corresponden a la sabiduría de la ciencia. Las aguas superiores corresponden a la sabiduría de la Torá. Las aguas superiores fecundan a las aguas inferiores, y las aguas inferiores fecundan a las aguas superiores. Un gran linaje nacerá de la unión de ambas aguas en el año 6.000, o 2240 de acuerdo al calendario secular, a tiempo para la era mesiánica.[12]

El relato de la Creación del Génesis, interpretado con la ayuda de otros recursos bíblicos, describe acontecimientos y tiempos que calzan con aquellos de las mejores teorías e información científica disponibles actualmente, un cuerpo de conocimiento que se ha recopilado principalmente durante los últimos 50 años.

¿Qué significa esta coincidencia para ti?

Mi esperanza está puesta en que la búsqueda de nuestro origen pueda provenir de la teoría y observación científica así como también del relato de la Creación del Génesis.

Fin

---

[1] Rabino Yitzchak Ginsburgh, *What You Need to Know About Kabbalah* (New York, Dwelling Place Publishing Inc., 2006).

[2]   Rabino Yitzchak Ginsburgh, *The Names of God: Eleven Holy Names of God Associated with the Sefirot*, Gal Einai Institute (2004).

[3]   Ibid.

[4]   Ramban sobre Génesis 1:3.

[5]   H. Moose, *In the Beginning: The Bible Unauthorized* (California: Thirty Seven Books, 2001), Génesis 1.

[6]   Yitzchak Ginsburgh, *The Mystery of Marriage* (Israel: Gal Einai Publication Society, 1999), p. 424.

[7]   Aquí, haciendo referencia a los capítulos 1-3 del Génesis.

[8]   Rabino Meir Zlotowitz, *Bereishis, Genesis / A New Translation with a Commentary Anthologized from Talmudic Midrashic and Rabbinic Sources* (New York: Mesorah Publications Ltd., 1977), Génesis 1:22, p. 66.

[9]   Stephen Jay Gould, "The Evolution of Life on Earth," *Scientific American*, octubre de 1994, pp. 85-91.

[10]   Zohar I, 117a.

[11]   Menachem Mendel Schneerson (5 de abril de 1902–12 de junio de 1994), comocido como el Rebe de Lubavitcher por sus seguidores, fue un importante rabino jasídico y el séptimo y último Rebbe (líder jasídico) de la Jabad–Lubavitch. La Jabad–Lubavitch es una rama del Judaísmo ortodoxo que promueve la espiritualidad y la internalización del misticismo judío como los aspectos fundamentales del movimiento de fe judío.

[12]   Rabino Yitzchak Ginsburgh, *The Higher and Lower Waters: Incorporating Art and Science into Torah Education*, Gal Einai Institute (1996-2008).

Anexo A

Génesis (Versión King James)

Génesis 1

1   En el principio creó Dios los cielos y la tierra.

2   Y la tierra estaba desordenada y vacía, y las tinieblas estaban sobre el haz del abismo, y el Espíritu de Dios se movía sobre el haz de las aguas.

3   Y dijo Dios: Sea la luz: y fue la luz.

4   Y vio Dios que la luz era buena: y apartó Dios la luz de las tinieblas.

5   Y llamó Dios a la luz Día, y a las tinieblas llamó Noche: y fue la tarde y la mañana un día.

6   Y dijo Dios: Haya firmamento en medio de las aguas, y separe las aguas de las aguas.

7   E hizo Dios la expansión, y apartó las aguas que estaban debajo de la expansión, de las aguas que estaban sobre la expansión: y fue así.

8   Y llamó Dios a la expansión Cielos: y fue la tarde y la mañana el día segundo.

9   Y dijo Dios: Júntense las aguas que están debajo de los cielos en un lugar, y descúbrase la tierra seca: y fue así.

10 Y llamó Dios a la tierra seca Tierra, y a la reunión de las aguas llamó Mares: y vio Dios que era bueno.

11 Y dijo Dios: Produzca la tierra hierba verde, hierba que de simiente; árbol de fruto que dé fruto según su género, que su simiente esté en él, sobre la tierra: y fue así.

12 Y produjo la tierra hierba verde, hierba que da simiente según su naturaleza, y árbol que da fruto, cuya simiente está en él, según su género: y vio Dios que era bueno.

13 Y fue la tarde y la mañana el día tercero.

14 Y dijo Dios: Sean lumbreras en la expansión de los cielos para apartar el día y la noche: y sean por señales, y para las estaciones, y para días y años;

15 Y sean por lumbreras en la expansión de los cielos para alumbrar sobre la tierra: y fue.

16 E hizo Dios las dos grandes lumbreras; la lumbrera mayor para que señorease en el día, y la lumbrera menor para que señorease en la noche: hizo también las estrellas.

17 Y pusolas Dios en la expansión de los cielos, para alumbrar sobre la tierra,

18 Y para señorear en el día y en la noche, y para apartar la luz y las tinieblas: y vio Dios que era bueno.

19 Y fue la tarde y la mañana el día cuarto.

20 Y dijo Dios: Produzcan las aguas reptiles de ánima viviente, y aves que vuelen sobre la tierra, en la abierta expansión de los cielos.

21 Y crió Dios las grandes ballenas, y toda cosa viva que anda arrastrando, que las aguas produjeron según su género, y toda ave alada según su especie: y vio Dios que era bueno.

22 Y Dios los bendijo diciendo: Fructificad y multiplicad, y henchid las aguas en los mares, y las aves se multipliquen en la tierra.

23 Y fue la tarde y la mañana el día quinto.

24 Y dijo Dios: Produzca la tierra seres vivientes según su género, bestias y serpientes y animales de la tierra según su especie: y fue así.

25 E hizo Dios animales de la tierra según su género, y ganado según su género, y todo animal que anda arrastrando sobre la tierra según su especie: y vio Dios que era bueno.

26 Y dijo Dios: Hagamos al hombre a nuestra imagen, conforme a nuestra semejanza; y señoree en los peces de la mar, y en las aves de los cielos, y en las bestias, y en toda la tierra, y en todo animal que anda arrastrando sobre la tierra.

27 Y crió Dios al hombre a su imagen, a imagen de Dios lo crio; varón y hembra los crió.

28 Y los bendijo Dios; y díjoles Dios: Fructificad y multiplicad, y henchid la tierra, y sojuzgadla, y señoread en los peces de la mar, y en las aves de los cielos, y en todas las bestias que se mueven sobre la tierra.

29 Y dijo Dios: He aquí que os he dado toda hierba que da simiente, que está sobre el haz de toda la tierra; y todo árbol en que hay fruto de árbol que da simiente, seros ha para comer.

30 Y a toda bestia de la tierra, y a todas las aves de los cielos, y a todo lo que se mueve sobre la tierra, en que hay vida, toda hierba verde les será para comer: y fue así.

31 Y vio Dios todo lo que había hecho, y he aquí que era bueno en gran manera. Y fue la tarde y la mañana el día sexto.

Génesis 2

1   Y fueron acabados los cielos y la tierra, y todo su ornamento.

2   Y acabó Dios en el día séptimo su obra que hizo, y reposó el día séptimo de toda su obra que había hecho.

3   Y bendijo Dios al día séptimo, y santificólo, porque en él reposó de toda su obra que había Dios criado y hecho.

4   Estos son los orígenes de los cielos y de la tierra cuando fueron criados, el día que NUESTRO Dios hizo la tierra y los cielos,

5   Y toda planta del campo antes que fuese en la tierra, y toda hierba del campo antes que naciese: porque aún no había NUESTRO Dios hecho llover sobre la tierra, ni había hombre para que labrase la tierra;

6   Más subía de la tierra un vapor, que regaba toda la faz de la tierra.

7   Formó, pues, NUESTRO Dios al hombre del polvo de la tierra, y alentó en su nariz soplo de vida; y fue el hombre en alma viviente.

8   Y había NUESTRO Dios plantado un huerto en Edén al oriente, y puso allí al hombre que había formado.

9   Y había NUESTRO Dios hecho nacer de la tierra todo árbol delicioso a la vista, y bueno para comer: también el árbol de vida en medio del huerto, y el árbol de ciencia del bien y del mal.

10   Y salía del Edén un río para regar el huerto, y de allí se repartía en cuatro ramales.

11   El nombre del primero era Pisón: éste es el que cerca toda la tierra de Havilah, donde hay oro:

12 Y el oro de aquella tierra es bueno: hay allí también bdelio y piedra cornerina.

13 El nombre del segundo río es Gihón: éste es el que rodea toda la tierra de Etiopía.

14 Y el nombre del tercer río es Hiddekel: éste es el que va delante de Asiria. Y el cuarto río es el Éufrates.

15 Tomó, pues, NUESTRO Dios al hombre, y le puso en el huerto del Edén, para que lo labrara y lo guardase.

16 Y mandó NUESTRO Dios al hombre, diciendo: De todo árbol del huerto comerás;

17 Más del árbol de ciencia del bien y del mal no comerás de él; porque el día que de él comieres, morirás.

18 Y dijo NUESTRO Dios: No es bueno que el hombre esté solo; haréle ayuda idónea para él.

19 Formó, pues, NUESTRO Dios de la tierra toda bestia del campo, y toda ave de los cielos, y trájolas á Adán , para que viese cómo les había de llamar; y todo lo que Adán llamó a los animales vivientes, ese es su nombre.

20 Y puso Adán nombres a toda bestia y ave de los cielos y a todo animal del campo: más para Adán no halló ayuda que estuviese idónea para él.

21 Y NUESTRO Dios hizo caer sueño sobre Adán , y se quedó dormido: entonces tomó una de sus costillas, y cerró la carne en su lugar;

22 Y de la costilla que NUESTRO Dios tomó del hombre, hizo una mujer, y trájola al hombre.

23 Y dijo Adán : Esto es ahora hueso de mis huesos, y carne de mi carne: ésta será llamada Varona, porque del varón fue tomada.

24 Por tanto, dejará el hombre a su padre y a su madre, y allegarse ha a su mujer, y serán una sola carne.

25 Y estaban ambos desnudos, Adán y su mujer, y no se avergonzaban.

Génesis 3

1 Empero la serpiente era astuta, más que todos los animales del campo que NUESTRO Dios había hecho; la cual dijo a la mujer: ¿Conque Dios os ha dicho: No comáis de todo árbol del huerto?

2 Y la mujer respondió a la serpiente: Del fruto de los árboles del huerto comemos;

3 Más del fruto del árbol que está en medio del huerto dijo Dios: No comeréis de él, ni le tocaréis, porque no muráis.

4 Entonces la serpiente dijo a la mujer: No moriréis;

5 Mas sabe Dios que el día que comiereis de él, serán abiertos vuestros ojos, y seréis como dioses sabiendo el bien y el mal.

6 Y vio la mujer que el árbol era bueno para comer, y que era agradable a los ojos, y árbol codiciable para alcanzar la sabiduría; y tomó de su fruto, y comió; y dio también a su marido, el cual comió así como ella.

7 Y fueron abiertos los ojos de entrambos, y conocieron que estaban desnudos: entonces cosieron hojas de higuera, y se hicieron delantales.

8 Y oyeron la voz de NUESTRO Dios que se paseaba en el huerto al aire del día: y escondióse el hombre y su mujer de la presencia de NUESTRO Dios entre los árboles del huerto.

9　Y llamó NUESTRO Dios al hombre, y le dijo: ¿Dónde estás tú?

10　Y él respondió: Oí tu voz en el huerto, y tuve miedo, porque estaba desnudo; y escondíme.

11　Y díjole: ¿Quién te enseñó que estabas desnudo? ¿Has comido del árbol de que yo te mandé no comieses?

12　Y el hombre respondió: La mujer que me diste por compañera me dio del árbol, y yo comí.

13　Entonces NUESTRO Dios dijo a la mujer: ¿Qué es lo que has hecho? Y dijo la mujer: La serpiente me engañó, y comí.

14　Y NUESTRO Dios dijo a la serpiente: Por cuanto esto hiciste, maldita serás entre todas las bestias y entre todos los animales del campo; sobre tu pecho andarás, y polvo comerás todos los días de tu vida:

15　Y enemistad pondré entre ti y la mujer, y entre tu simiente y la simiente suya; ésta te herirá en la cabeza, y tú le herirás en el calcañar.

16　A la mujer dijo: Multiplicaré en gran manera tus dolores y tus preñeces; con dolor parirás los hijos; y a tu marido será tu deseo, y él se enseñoreará de ti.

17　Y al hombre dijo: Por cuanto obedeciste a la voz de tu mujer, y comiste del árbol de que te mandé diciendo, No comerás de él; maldita será la tierra por amor de ti; con dolor comerás de ella todos los días de tu vida;

18　Espinos y cardos te producirá, y comerás hierba del campo;

19　En el sudor de tu rostro comerás el pan hasta que vuelvas a la tierra; porque de ella fuiste tomado: pues polvo eres, y al polvo serás tornado.

20 Y llamó el hombre el nombre de su mujer, Eva; por cuanto ella era madre de todos lo vivientes.

21 Y NUESTRO Dios hizo al hombre y a su mujer túnicas de pieles, y vistiólos.

22 Y dijo NUESTRO Dios: He aquí el hombre es como uno de nosotros sabiendo el bien y el mal: ahora, pues, porque no alargue su mano, y tome también del árbol de la vida, y coma, y viva para siempre:

23 Y sacólo NUESTRO del huerto del Edén, para que labrase la tierra de que fue tomado.

24 Echó, pues, fuera al hombre, y puso al oriente del huerto del Edén querubines, y una espada encendida que se revolvía a todos lados, para guardar el camino del árbol de la vida.

Anexo B

Tiempo Divino

El Tiempo Divino es el reloj interno fundamental del universo.

En esta sección exploraremos algunas obras místicas con el fin de llegar a un entendimiento del Tiempo Divino y la relación entre la cronología de la Creación y la cronología divina. Para determinarlo, primero debemos entender los roles centrales de los números 7 y 49 en la literatura bíblica, así como el concepto de ciclos sabáticos.

Ciclos de 7 y 49

En la Torá, los números 7 y 49 son de gran importancia. Siete supone el término de un proceso fundamental, por ejemplo, la semana. Cuarenta y nueve supone el fin de siete ciclos de siete, asociado por lo general con un término más fundamental o final. Estos ciclos de 49 dan la impresión de ser completos en términos espirituales, agrícolas y cósmicos. Los dos primeros están descritos en recursos bíblicos directos, mientras que los últimos (los cósmicos) se obtienen de la interpretación cabalística de fuentes talmúdicas.

Ciclos Espirituales – la Cuenta del Omer

La cuenta del Omer es el conteo verbal de cada uno de los 49 días entre los feriados religiosos de la Pascua Judía, que celebra el éxodo de Egipto, y la festividad de Shavuot, que celebra la entrega de la Torá. Este mandamiento comienza el día en que el Omer, sacrificio consistente en un omer (antigua medida hebrea correspondiente a aproximadamente 3,5 litros) de cebada se ofrecía en el Templo de Jerusalén, y termina el día anterior a que una ofrenda de trigo fuese llevada al Templo durante la Shavuot, es decir, la cuenta del Omer comienza el segundo día de la Pascua y termina el día antes de la Shavuot.

El mandamiento de la cuenta se encuentra en el Levítico:[1]

> *Contaréis siete semanas enteras a partir del día siguiente al sábado, desde el día en que habréis llevado la gavilla de la ofrenda mecida; hasta el día siguiente al séptimo sábado, contaréis cincuenta días y entonces ofreceréis a Dios una oblación nueva.*

La idea de contar cada día representa la preparación espiritual y la expectación por recibir la Torá. El periodo del Omer se considera un tiempo de posible crecimiento interno, con el fin de mejorar nuestras características positivas por medio de la reflexión y para desarrollar una cualidad en cada uno de los 49 días.

Por lo tanto, espiritualmente hay siete ciclos de siete semanas y un ciclo espiritual completo corresponde a 49 días.

Ciclos Físicos – Ciclos Sabáticos para la Tierra

El Shmitá (literalmente "liberación"), también llamado año sabático, es el séptimo año de un ciclo agrícola de siete años dictaminados por la Torá para la Tierra de Israel. Durante el Shmitá, la tierra no ha de explotarse y toda la actividad agrícola, que incluye al arado, la plantación, la poda y la cosecha, está prohibida por ley de la Torá.[2]

> *Seis años sembrarás tu campo, seis años podarás tu viña y cosecharás sus productos; pero el séptimo año será de complete descanso para la tierra, un sábado en honor a Dios…será año de descanso completo para la tierra.*

La idea del séptimo año de descanso está también vinculada a la deuda. En el séptimo año, cada acreedor deberá remitir cualquier deuda que tenga con su vecino y hermano.[3]

> *Cada siete años harás remisión. En esto consiste la remisión. Todo acreedor que posea una prenda personal obtenida de su prójimo, le hará remisión; no apremiará a su prójimo ni a su hermano, si se invoca la remisión en honor a Dios.*

Tras estos ciclos sabáticos de 49 años, viene el Jubileo, o máximo término. El año del Jubileo es el año al final de siete ciclos de años sabáticos, y de acuerdo a la regulación de la Torá tiene un impacto especial en la propiedad y cuidado de la tierra en los territorios de Israel y Judá.[4]

> *Contarás siete semanas de años, siete veces siete años; de modo que el tiempo de las siete semanas de años vendrá a sumar cuarenta y nueve años...Declararéis santo el año cincuenta, y proclamaréis en la tierra liberación para todos sus habitantes. Será para vosotros un jubileo; cada uno recobrará su propiedad y cada cual regresará a su familia.*

La Torá también establece:[5] "*La tierra no puede venderse para siempre, porque la tierra es mía* [de Dios], *ya que vosotros sois para mí como forasteros y huéspedes.*" La tierra puede venderse solo por la cantidad de cultivos que producirá hasta el año del Jubileo, cuando ha de regresar a su dueño original. Por ende, el año del Jubileo existe porque la tierra es posesión de Dios, y sus actuales habitantes no son más que huéspedes. Por lo tanto, la tierra no ha de ser vendida para siempre.

Ciclos Cósmicos – 49.000 años [6]

Una de las enseñanzas más controversiales entre los cabalistas es la aplicación de la doctrina del Shmitá a un nivel cósmico.

Durante las primeras generaciones de cabalistas, antes del Arizal, muchos escribieron sobre la doctrina del Shmitá, incluido su maestro, el rabino David Ibn Zimra. Estos cabalistas enseñaban que la fuente de la doctrina del Shmitá no solo se encuentra en la Tradición Oral, sino que utilizaban palabras concretas de la Torá para mostrar que la historia del tiempo no está contada en su totalidad en ella.

Como se indicó anteriormente, en el Libro del Levítico está escrito que por seis años se deben sembrar los campos, y que en el séptimo, se debe dejar a la tierra descansar.[7] También enseñan los Sabios en el Talmud que:[8] *"El mundo existirá por seis mil años, y el séptimo será de desolación."* Los cabalistas aprendieron a partir del significado secreto del versículo del Levítico que los días de nuestro mundo han de ser medidos en la misma forma que el años sabático en la biblia. Durante seis años trabajaremos, y al séptimo descansaremos. Entonces, nuestra civilización crecerá por 6.000 años, y luego por otros 1.000 años permanecerá desolada, lo que significa que se le permitirá descansar.

Se nos instruye contar siete veces siete años y luego proclamar el Jubileo, un año de liberación total. Los cabalistas han revelado que tal como nuestra civilización durará por el periodo sabático de 6.000 años y 1.000 años de desolación, también habrá siete ciclos similares a este, lo que corresponde a un ciclo cósmico de años sabáticos por un total de 49.000 años.

Entonces, los términos bíblicos de los ciclos espirituales y agrícolas completos son de 49 días y años respectivamente. Cósmicamente, el equivalente es 49.000 años, punto en el cual el universo físico retornará a su dueño original.

La Cronología Divina

Los conceptos de Tiempo Divino y los ciclos cósmicos han sido desarrollados y explicados por el Rabino Kaplan[9] y

192

esclarecidos por el Rabino Ari D. Kahn.[10] Esta sección desarrolla la cronología Divina en mayor detalle y la traza en paralelo a
la cronología de la Creación.

En el siglo 13, el Rabino Isaac de Acre, en su obra *Otzar
HaChaim* (el Tesoro de la Vida),[11] abraza el concepto de que el
universo existirá por 49.000 años. Su obra fue la primera en
exponer que dado a que los ciclos sabáticos existen desde antes
de la Creación del hombre, el tiempo anterior a Adán y Eva se
debe medir en años divinos (donde, como lo vimos anteriormente, un día divino corresponde a 1.000 años de Tiempo
Humano[12]). Isaac de Acre fue entonces el primero en descubrir
que el universo tiene miles de millones de años. El Rabino
Kaplan, en su interpretación de la obra del Isaac de Acre asume
que actualmente estamos en el séptimo ciclo sabático. Esta
enseñanza es controversial, ya que la mayoría de los cabalistas
consideran que estamos en el segundo ciclo.

La obra que acabamos de describir sitúa el acontecimiento
de los ciclos cósmicos más antiguos como previos a la narrativa
del Génesis. Este autor plantea la siguiente hipótesis:

1. los ciclos comienzan con el inicio del universo como lo
   conocemos, con el Día 1 del relato del Génesis,
2. un día de la Creación es una era de tiempo,
3. el universo existirá por siete ciclos, o 49.000 años, y
4. el ciclo actual es el último ciclo de 7.000 años, o el séptimo ciclo, en tanto que nos acercamos a la era mesiánica.

Por lo tanto, cada uno de los seis días de la Creación son
7.000 años (un ciclo) y ahora estamos en los últimos 7.000 años
de la existencia del universo como lo conocemos, o el séptimo
ciclo.

El resultado anterior está inspirado en el controversial
concepto de los ciclos cósmicos. Sin embargo, las obras cabalísticas más recientes apoyan el enfoque de los 7.000 años por

día de la Creación, por lo que llegamos al mismo resultado. El Rabino Isaac Luria, el Arizal, no apoya el concepto de los ciclos cósmicos sabáticos. El libro *Etz Chaim* es un clásico de su Escuela de Cábala, pero en su obra *Kerem Shlomo on Etz Chaim* (un comentario sobre el Etz Chaim), el Rabino Salman Eliyahu afirma que si algo es perfecto y completo, ha pasado por un ciclo completo de 7.000 años. Cada uno de los días de la Creación fue perfeccionado, rectificado y purificado, y transcurrió en su propio ciclo de 7.000 años, por lo que cada día de la Creación representa esa cantidad de tiempo.[13]

Dado lo anterior, el Tiempo Divino ocurre en periodos de 7.000 años. Como se ilustra en la Tabla B.1 más abajo, cada uno de los seis días de la Creación corresponden a esa cantidad de años divinos: Día 1, de 0 a 7.000; Día 2, de 7.000 a 14.000; y así sucesivamente, hasta el Día 6, de 35.000 a 42.000. Posterior al Día 6, desde el año 42.000 al 49.000, el Tiempo Divino corresponde a los 6.000 años del calendario judío, que continúan con los 1.000 años del séptimo milenio.

Tabla B.1 Los Siete Ciclos Sabáticos

Tiempo de Creación	Día 1	Día 2	Día 3	Día 4	Día 5	Día 6	7,000 años*
Ciclo Sabático	1er Ciclo	2do Ciclo	3ro Ciclo	4to Ciclo	5to Ciclo	6to Ciclo	7mo Ciclo
Años Divinos	7.000	7.000	7.000	7.000	7.000	7.000	7.000
Tiempo Divino	0 – 7.000	7.000– 14.000	14.000– 21.000	21.000– 28.000	28.000– 35.000	35.000– 42.000	42.000– 49.000
*7.000 años = 6.000 años del calendario bíblico + 1.000 años del séptimo milenio							

La Figura B.1 representa la cronología de la Creación del Día 6 y su paralelo con la cronología divina.

Tiempo Divino (miles de años)	Tiempo de la Creación	Día 6 (horas)	Eventos de la Creación
38500		12	
38792		1	El polvo fue reunido
39083	974 generaciones antes de Adán	2	El polvo es amasado en una masa amorfa; Formación de la vida compleja comienza
39375		3	Se forman las extremidades de Adán
39667		4	Alma es insuflada en Adán
39958		5	Adán se levanta, y esta sobre sus pies
40250		6	Adán nombró a los animales
40542		7	Eva es creada
40833		8	Nacen Caín y Abel. Se planta el Jardín después de que el hombre ha sido creado.
41125		9	Adán y Eva son ordenados no comer del Árbol
41417		10	Adán y Eva pecaron
41708		11	Adán y Eva fueron juzgados
42000		12	Adán y Eva fueron expulsados del Jardín del Edén

Figura B.1 Tiempo de Creación y Tiempo Divino–Día 6

El "Nacimiento" de Adán en Tiempo Divino

El Talmud establece que "*novecientas setenta y cuatro generaciones intentaron presionar para ser creadas antes que el mundo, pero no fueron creadas: el Santo, Bendito Sea, se alzó y las plantó en cada generación.*"[14] Esto también se obtiene a partir del versículo "*palabra que se impuso a mil generaciones,*"[15] que, de acuerdo a Rashi, significa que la Torá le fue otorgada no a 1.000 generaciones, sino que a la milésima generación. Al restar 1.000 de las 26 generaciones entre Adán y Moisés (a quien se le dio la Torá), obtendremos de igual forma 974.

La Torá nos da ya sea el tiempo exacto de una generación, al explicarnos con detalle las fechas en que las personas nacieron y murieron (así como para las generaciones entre Adán y Moisés) o, cuando hay ausencia de detalles, asume que una generación corresponde a 40 años. Esto se expresa en el célebre pasaje "*Se encendió la ira de Dios contra Israel y los hizo andar errantes por el desierto durante cuarenta años, hasta que se acabó toda aquella generación...*"[16] Para calcular el tiempo del Tiempo Divino desde el principio al final de la 974ta generación prevista, se multiplica 974 por 40 para obtener 38.960 años. Al convertir esto al tiempo de la cronología de la Creación (dividiendo 38.960 por 7.000), llegamos a 1.577 horas del Día 6, es decir, a 34,6 minutos de la segunda hora (ver Figura B.1). Esta es la hora en que se dice que, "Dios amasó el polvo en un revoltijo deforme," es decir, se comenzó a formar. Este análisis muestra que Adán "nació" precisamente después de la 974ta generación prevista, en el año divino 38.960, lo que respalda aún más la utilización de 7.000 años por día de la Creación para obtener la cronología divina. (Nótese que los comentarios[17] del versículo del Talmud citado en el párrafo anterior sitúan las 974 generaciones previstas antes del Día 1, o antes de que "*haya luz*"; por lo tanto, no hay comentario que justifique o apoye los cálculos anteriores.)[18]

[1]   Levítico 23:15-16.

[2]   Levítico 25:3-5.

[3]   Deuteronomio 15:1-3.

[4]   Levítico 25:8-13.

[5]   Levítico 25:23 y comentario al pie de página.

[6]   Aryeh Kaplan, Yaakov Elman, e Israel ben Gedaliah Lipschutz, *Immortality, Resurrection, and the Age of the Universe: A Kabbalistic View* (Israel: Ktav Publishing House, enero de 1993), pp. 6-9.

[7]   Levítico 25:3-5.

[8]   Talmud Babilónico, Sanhedrín 97a.

[9]   Rabino Aryeh Kaplan, *The Age of the Universe: A Torah True Perspective* (Rueven Meir Caplan, 2008).

[10]   Rabino Ari D. Kahn, *Explorations* (Israel: Targum Press, 2001), parshat Bahr.

[11]   Rabino Isaac de Acre, *Otzar HaChaim (Tesoros de la Vida)*, colección Guenzberg, Biblioteca de, Moscú. También Rabino Aryeh Kaplan, *The Age of the Universe: A Torah True Perspective* (Rueven Meir Caplan, 2008), p. 17.

[12]   *"Porque mil años a tus ojos son como el ayer, que ya pasó"* (Salmos 90:4), como se interpreta en el Talmud Babilónico, Sanhedrín 97a y 97b.

[13]   Yitzchak Ginsburgh, *The Shemitot and the Age of the Universe*, Gal Einai Publication Society, febrero de 2011, parte 3.

[14]   Talmud Babilónico, Jaguigá 13b, 14a.

[15]   Salmos 105:8.

¹⁶ Números 32:13.

¹⁷ Yitzchak Ginsburgh, *The Shemitot and the Age of the Universe*, Gal Einai Publication Society, febrero de 2011, parte 3.

¹⁸ Es interesante notar que tomó tres horas formar a Adán hasta el punto en que recibió su alma Divina. Debido a que Adán es el padre de la humanidad, y que un bebé tarda 40 semanas en gestarse durante el embarazo, estas tres horas de la formación de Adán son paralelas a las 40 semanas de gestación. Por lo tanto, 34,6 minutos corresponde al día 54 de la gestación. A partir de la concepción (como lo indica el Talmud, en vez de a partir del último ciclo menstrual), los 34,6 minutos equivalen al día 40 de la gestación. El Talmud dice que un embrión es considerado deforme por los primeros 40 días y no se considera un feto hasta ese entonces (Talmud Babilónico, Yebamoth 69b); similarmente, Adán es el equivalente a un "feto" a mitad de la segunda hora, cuando comienza su generación.

Glosario

A priori: anterior a/sin análisis; sin apoyo de una investigación basada en hechos.

AEC: antes de la era común.

Adán: el primer hombre de la Creación. En un inicio no se parecía a nosotros. Sin embargo tras su pecado fue reducido, llegando de esa forma a ser similar a nosotros. A los humanos normales se les denomina la "humanidad", en cambio a Adán se le llama "Adán" u "hombre".

Ángel: ente espiritual sin características físicas; un mensajero enviado por Dios para realizar ciertas tareas (malaj, en hebreo).

Año del Jubileo: el año al final de siete ciclos de años sabáticos (ver Shmitá) que de acuerdo a las normas de la Torá, tiene un impacto en la propiedad y el manejo de la tierra en el territorio de los reinos de Israel y Judá.

BA: billón de años atrás.

BY: billón de años; billones de años.

Cábala: "recibir" o "tradición"; una disciplina y escuela de pensamiento relacionada al aspecto místico del Judaísmo.

Categoría: ver Taxonomía.

Ciencia: el proceso sistemático de recolección de información acerca del mundo y la organización de esta en teorías y leyes que pueden ser probadas.

Comentarios: explicaciones o interpretaciones críticas de los textos bíblicos.

Controversia Creación versus evolución: conocido también como el debate del origen de la vida; una disputa habitual de índole cultural, política y teológica respecto a los orígenes de la tierra, la humanidad, la vida y el universo. Esta se da entre quienes abrazan creencias religiosas y defienden una postura creacionista versus quienes aceptan la evolución como lo establece el consenso científico.

Cosmología: el estudio sobre cómo comenzó y se desarrolló el universo.

Creación: el acto divino de concebir algo a partir de la nada.

Creacionismo científico: una rama del creacionismo que intenta proveer respaldo científico a la narrativa de la Creación del Génesis y de esa forma desacreditar hechos científicos, teorías y paradigmas científicos generalmente aceptados respecto a la historia de la tierra, la cosmología y la evolución biológica.

Creacionismo de la tierra antigua: término abarcativo para una gran cantidad de conceptos creacionistas. La visión de mundo de sus defensores es más compatible con el pensamiento científico convencional en lo que respecta a las materias de geología, cosmología y la edad de la tierra. Algunos de sus defensores interpretan los seis días de la Creación como seis eras.

Creacionismo de la tierra joven: forma de creacionismo que asegura que el universo y la vida fueron creados por actos directos de Dios durante un periodo de tiempo relativamente corto, entre 5.700 y 10.000 años atrás.

Creacionistas progresivos: grupo que considera que Dios intervino en varios puntos del pasado geológico para crear las formas básicas de vida que luego evolucionaron en las diferentes especies que conocemos hoy.

Cronología de la Creación: el recuento cronológico de los seis días de la Creación del universo y la vida del Génesis.

Cuenta del Omer: la cuenta verbal de cada uno de los 49 días entre los feriados religiosos judíos de Pesaj (que celebra el éxodo de Egipto) y la festividad de Shavuot (que celebra la entrega de la Torá).

Darwinismo social: término que sirve para identificar a varias filosofías y principios utilitarios que atribuyen el progreso humano a la competencia sin límites entre los individuos.

Datación radioactiva: medición de la cantidad de material radiactivo que contiene un objeto; se utiliza para determinar su edad.

Datación radiométrica: ver Datación radioactiva.

Debate del origen de la vida: ver Controversia Creación versus evolución.

Derecha cristiana: término utilizado principalmente en Estados Unidos para describir al espectro de movimientos y organizaciones sociales y políticas cristianas, de derecha y caracterizadas por su fuerte apego a los valores conservadores sociales y políticos.

Día de la Creación: 2,54 mil millones de años en Tiempo Humano, o 7.000 años en Tiempo Divino.

Día Divino: 1.000 años de Tiempo Humano.

Diseño inteligente: el planteamiento de que ciertos aspectos del universo y de los seres vivos tienen su raíz en una causa inteligente y no en procesos sin dirección tales como la selección natural.

EC: era común.

Elokim: El nombre de Dios utilizado en Génesis, que indica que las acciones del recuento de la Creación se rigen por ley y orden estrictas y que todo lo ocurrido se debió basar en la causa y el efecto.

Era bueno: frase que significa "completado al punto que le fue útil al hombre".

Especiación: la formación evolutiva de nuevas especies biológicas, generalmente por la división de una sola especie en dos o más que son distintas genéticamente.

Especie: unidad de vida que se forma o crea de la manera escrita en el Génesis; que según se interpreta corresponde a una especie biológica.

Eugenesia: el estudio del mejoramiento hereditario de la raza humana mediante la reproducción selectiva controlada.

Eva: la primera mujer. Tras su pecado Adán la llamó Java, que significa madre de la vida mortal.

Evento de extinción masiva: ver Eventos de extinción.

Eventos de extinción: o extinciones masivas; las grandes extinciones que han ocurrido en un periodo de tiempo relativamente corto, durante las cuales el número de especies que se extinguieron fue significativamente superior a lo esperado (han habido cinco desde el comienzo de la vida).

Evolución orgánica: la secuencia de eventos involucrados en el desarrollo evolutivo de una especie o un grupo común de organismos.

Evolución teísta: creencia que acepta que las especies terrestres evolucionan, pero que insiste en que Dios tiene un rol en este proceso.

Explosión cámbrica: la aparición relativamente veloz de animales complejos hace aproximadamente 530 millones de años atrás, según se ha descubierto a partir de restos fósiles.

Extinción: el fin de un organismo o grupo de organismos, típicamente una especie.

Filo: grupo de organismos con cierto grado de similitud morfológica o de desarrollo. La morfología incluye aspectos de la apariencia exterior (forma, estructura, color y patrones) así también como la forma y estructura de las partes internas como huesos y órganos. En la jerarquía de la clasificación biológica, el filo se divide en decenas de miembros, mientras que la categoría de especie, más detallada, se divide en millones.

Formación: el acto de tomar algo que ya existe y transformarlo en otra cosa.

Fósiles: los restos preservados o huellas de animales, plantas y otros organismos del pasado remoto.

Género: categoría taxonómica clasificada bajo la categoría de familia y por sobre la categoría de especie, que generalmente consiste de un grupo de especies.

Genética: rama de la biología dedicada a la herencia, especialmente a los mecanismos de transmisión hereditaria y la variación de las características heredadas entre organismos similares o relacionados.

Hipótesis nebular: modelo que explica la formación y evolución del sistema solar. Un precursor del Big Bang a nivel del sistema solar.

Homo: género que incluye al humano moderno y las especies relacionadas a él.

Humano moderno: nuestra especie, el Homo sapiens.

Isaac ben Samuel de Acre (siglos 13-14): Cabalista que vivió en la Tierra de Israel, autor del Otzar HaChaim.

Isótopo: uno de dos o más átomos con el mismo número atómico (número de protones), pero con distinto número de neutrones.

Ley de Tratamiento Equilibrado de Luisiana: ley promulgada en el estado de Louisiana que requiere que las escuelas proporcionen un tratamiento equilibrado de la Creación y la ciencia evolutiva.

Ley Oral: utilizada para interpretar y aplicarla Ley Escrita. Ahora está documentada por escrito. Consiste principalmente del Talmud, los Midrashim y el Zohar.

Ma: millón de años atrás (millón de años antes del presente).

Maimónides: destacado filósofo judío y uno de los grandes eruditos de la Torá en la edad media.

Malbim: Mer Leibush ben Yehiel Michel Weiser (1809–1879), mejor conocida por las siglas Malbim, era un rabino, maestro de gramática hebrea y comentarista bíblico.

Media vida: el tiempo que se requiere para que algo caiga a la mitad de su valor inicial. En el contexto de este trabajo, el tiempo para que la mitad de los átomos en una sustancia radiactiva se descomponga.

Método científico: sistema de procesos utilizados para establecer conocimiento nuevo o actualizado.

Midrash Rabbah: un Midrash dedicado a explicar los Cinco Libros de Moisés.

Midrash (plural midrashim): significa "explicación"; enseñanzas no legalistas de los rabinos de la era Talmúdica.

Misericordia: el primero de los atributos emotivos de las sefirot. Es el deseo de dar sin límite, corresponde a la categoría biológica del filo.

Modelo de concordancia: el mejor grupo de parámetros cosmológicos, es decir, los que tienen la mejor relación entre teoría y observación.

Modelo de presión/pulso: modelo de extinción masiva que postula que estas requieren generalmente dos tipos de causas: presión a largo plazo en el eco sistema ("presión") y una catástrofe súbita ("pulso") hacia el fin del periodo de presión.

MY: millón de años.

Nombres de Dios: diferentes nombres que se refieren a distintas formas en que Él se revela a Sí Mismo en la Creación.

Nucleosíntesis: proceso por el cual los elementos químicos más pesados se sintetizan a partir de núcleos de hidrógeno al interior de las estrellas.

Omer: sacrificio medido en omer (una antigua medida hebrea que corresponde a aproximadamente 3,5 litros).

Otzar HaChaim: obra cabalística de Isaac ben Samuel. Fue la primera en establecer que el universo tiene una antigüedad de miles de millones de años; Isaac llegó a esta conclusión distinguiendo entre "años solares" (terrestres) y "años divinos", los que aquí se denominan Tiempo Humano y Tiempo Divino.

Paleontología: estudio de las formas de vida pasadas según están representadas en los restos fósiles.

Parámetros cosmológicos: parámetros que definen las propiedades del universo y que son el aporte principal al modelo del Big Bang.

Pecado: pecado de Adán o pecado primordial, cuando Adán comió el fruto prohibido del Árbol del Conocimiento del Bien y el Mal. Este pecado ocurrió tres horas antes del fin del sexto día.

Periodo Cretácico: entre 135 y 63 millones de años atrás; fin de la era de los reptiles; aparición de los insectos modernos y las angiospermas.

Pirkê de Rabí Eliezer ("Capítulos de Rabí Eliezer"): un Midrash que contempla directrices éticas así como discusiones astronómicas relativas a la narrativa de la Creación.

Problema del ajuste fino: el problema que surge cuando se altera mínimamente casi cualquiera de las propiedades particulares del universo, las leyes de la física y sus parámetros. Cualquiera de estas mínimas variaciones suponen circunstancias por medio de las cuales la existencia del universo no es posible.

Ramban: Nachmánides, conocido también como Rabbi Moses ben Nachman Girondi, Bonastrucça Porta, y por su acrónimo Ramban (Gerona, 1194–Tierra de Israel, 1270); un importante erudito medieval, rabino, filósofo, médico, Cabalista y comentarista bíblico.

Rashi: Shlomo Yitzhaki (1040–1105 DC), más conocido por el acrónimo Rashi (RAbbi SHlomo Itzhaki); rabino francés del Medioevo autor del primer comentario detallado del Talmud, así como de un exhaustivo comentario de la Ley Escrita (incluyendo el Génesis).

Reino: la segunda categoría más alta en la clasificación taxonómica, que contiene al menos seis subdivisiones.

Sabiduría: considerada la fuerza inicial en el proceso creativo del universo. Es la primera sefirá y corresponde al elemento hidrógeno.

Sefirá (plural Sefirot): un canal de energía divina o fuerza vital. Existen diez sefirot. Es por medio de estas que Dios interactúa con la Creación; por lo que se pueden considerar Sus atributos.

Shmitá: literalmente "liberación"; también llamado Año Sabático; el séptimo año de un ciclo agrícola de siete años dictaminados por la Torá para la Tierra de Israel.

Síntesis Neo-Darwinista: sostiene que la evolución es un proceso puramente materialista impulsado por la selección natural de variaciones aleatorias a nivel genético.

Talmud: significa "instrucción", "conocimiento"; texto central del Judaísmo convencional que consiste de un registro de discusiones rabínicas relativas a la ley Judía, la ética, filosofía, costumbres e historia.

Tasa de extinción de fondo: tasa promedio en que las especies se han extinguido a lo largo de los últimos 550 millones de años (sin incluir las extinciones causadas por el ser humano).

Taxonomía: en biología, la ciencia de la clasificación en estructura jerárquica. Cada nivel en el orden jerárquico se denomina categoría. En la cima de la jerarquía está la vida, seguida por distintos niveles de subdivisión, culminando con el nivel inferior, el de las especies.

Tetrápodos: animales vertebrados que tienen cuatro extremidades. Estos consideran a los anfibios, reptiles, aves y mamíferos.

Tiempo de Creación: tiempo según el relato de la Creación de seis días del Génesis.

Tiempo Divino: tiempo según Dios. Un día divino equivale a 1.000 años en términos humanos (Tiempo Humano).

Tiempo Humano: tiempo según los humanos.

Torá: consiste en la Ley Escrita y la Ley Oral (ver entrada separada). La Ley Escrita a su vez consiste de los Cinco Libros de Moisés, Profetas, Escritos (o Salmos), Sanhedrín, Leyes Rabínicas y Costumbres.

Traza fósiles: marcas dejadas por un organismo mientras está vivo, tales como sus huellas o fecas.

Último ancestro común universal: término utilizado para el organismo unicelular o la célula hipotética a partir de la cual provienen todos los organismos que hoy habitan la tierra.

Vía Láctea: la galaxia que contiene nuestro sistema solar y que consiste de un bulto central más antiguo y un disco más nuevo donde se formó el sistema solar.

Vida: materia caracterizada por la habilidad de metabolizar nutrientes (procesar sustancias para constituir tejido y energía), crecer, reproducirse y responder y adaptarse a los estímulos medioambientales.

Y así fue: frase que significa "se estableció eternamente."

Zohar: significa "esplendor", "fulgor"; la obra fundamental en la literatura del pensamiento místico Judío conocido como Cábala.

Índice Alfabético

www.ingramcontent.com/pod-product-compliance
Lightning Source LLC
Chambersburg PA
CBHW071213090426
42736CB00014B/2805